écrire en phénoménologue

ISBN 2-909-422-32-1

natalie depraz

écrire en phénoménologue

"une autre époque de l'écriture"

encre marine

A la mémoire de Berke Vardar
qui nous a quittés le 12 décembre 1989

Pour Franck, toi qui m'accompagnes
depuis toujours sur le chemin

"Philosopher, c'est résister à la fascination qu'exercent sur nous certaines formes d'expression."

L. Wittgenstein,
Tractatus

"[...] Entretiens : [...] les rassembler sous ce mot, c'est dire que je ne sais pas écrire si, par l'esprit, je ne m'entretiens pas avec tel ou tel interlocuteur, que j'ai écouté et voudrais convaincre..."

Yves Bonnefoy,
Entretiens sur la poésie

Remerciements

Je remercie le *Collège International de Philosophie*, qui m'a offert la possibilité de clarifier certains jalons de ce travail en me proposant des séances de séminaire d'octobre 1995 à janvier 1996, et en me permettant de participer à des séances de travail sur le style et le discours des philosophes (animées par A. Lhomme et F. Cossutta). Conjointement, je remercie la *Fondation Thiers* qui a rendu possible cette recherche en m'acceptant comme Pensionnaire détachée au C.N.R.S de 1994 à 1997. Sans le concours de ces deux Institutions, l'étude qui suit n'aurait sans doute jamais vu le jour.

Je souhaite également, à l'orée de ce travail, indiquer ma dette envers Pierre A. CAHNÉ, qui fut, dès mes premiers travaux d'étudiante consacrés à la poésie d'Y. Bonnefoy puis à l'écriture d'E. Levinas, un interlocuteur toujours accueillant ainsi qu'un juge bienveillant de ces premiers balbutiements.

Puis, j'ai à cœur de remercier tout particulièrement le premier lecteur de cet essai, mon père Raymond DEPRAZ, dont l'attention scrupuleuse et le soutien moral m'ont été à chaque pas précieux ; Françoise DASTUR et Renaud BARBARAS surent dès le départ m'encourager à mener à bien ce projet sous la forme d'une publication ; Pierre VERMERSCH, par son intérêt pour la dimension pratique de l'expérience, me fit mieux prendre la mesure de l'enjeu de l'ouvrage ; Jérôme THÉLÔT fut un interlocuteur critique et sévère, qui contribua à désenclaver pour partie mon propos. Edward KAPLAN et Jean-Louis CHRÉTIEN eurent l'amabilité de lire la version quasi-finale du manuscrit et de la faire bénéficier de leurs remarques attentives.

Que tous reçoivent le témoignage de ma gratitude.

Pourtant, au point de départ de cette quête sur le sens et le statut de l'écriture phénoménologique, il y eut, avant toute raison d'ordre intellectuel, la présence vigilante, exigeante et insistante du Professeur stambouliote Berke VARDAR. Trop brève, sa rencontre entre 1988 et 1989 à Istanbul a nourri l'essentiel du parcours qui suit.

Argument

Ecrire, c'est s'adresser à quelqu'un, c'est donc souhaiter être entendu sinon compris. Une telle exigence élémentaire de lisibilité n'est pas toujours à l'œuvre – loin s'en faut – dans certains textes philosophiques contemporains. Beaucoup s'enferment dans une complaisance et une sophistication stylistiques qui prétend passer pour un affinement de la pensée, mais qui peut fort bien traduire son dénuement, voire sa vacuité. La réception de Heidegger en France, la traduction et l'interprétation de sa pensée ont donné lieu, depuis plusieurs décennies, à de nombreux "débordements" de l'écriture philosophique. Celle-ci, que ce soit en se transformant en un jargon ésotérique ou en s'affirmant comme littérature idiolectale, s'engouffre dans des travers qui sont ruineux pour la réflexion critique : elle les perpétue, les aggrave. La crise que connaît la philosophie, c'est-à-dire son incapacité à jouer son rôle d'instance critique dans un débat public ouvert et, par contre coup, son repliement frileux sur l'exégèse érudite des textes n'est-elle pas en retour imputable aux raffinements outranciers de son mode d'expression ? – A moins que ce ne soient ces subtilités stylistiques qui aient contribué à la mettre en crise, ou qui, pour le moins, aient révélé la profondeur de la dite crise. C'est ce constat d'une déperdition de la rigueur de pensée dans sa "rhétorisation" indissolublement jargonnante et esthétisante qui a suscité notre attention de lectrice, et nous incite à réagir.

CHAPITRE I

Y A-T-IL UNE ÉTHIQUE DE L'ÉCRITURE ?

"Ce qui peut être dit, peut être dit clairement ; et ce dont on ne peut parler, il faut le passer sous silence."
(*Tractatus*)

LA PHILOSOPHIE du langage est une discipline qui ne s'est que tardivement imposée, avec Wilhelm von Humboldt notamment, dans la première moitié du siècle dernier. Le langage est alors devenu pour le philosophe objet de réflexion. Avec Humboldt, le langage n'est plus le simple instrument d'une pensée déjà toute constituée, mais il devient "l'organe qui forme la pensée". On ne peut plus dire alors, comme Racine dans la Préface à *Bérénice* : "ma pièce est prête, je n'ai plus qu'à l'écrire". L'écriture devient elle-même motrice pour la pensée : elle permet à la pensée de naître à elle-même. C'est de cette conversion radicale du rapport de la pensée et de l'écriture dont nous héritons au XXe siècle. Des philosophes comme Croce ou Cassirer se mettent à réfléchir sur le statut du langage, le prennent comme thème d'investigation philosophique. D'autres, comme Nietzsche, Heidegger et certains de ses successeurs voient dans la poésie, cette pure expression de l'immédiat et de l'indéfait, une relève possible de la philosophie en pensée. Aujourd'hui, le philosophe ne peut donc plus ne pas s'interroger sur son langage propre, sur son mode d'expression.

Toutefois, on rencontre de nos jours deux sortes d'attitude philosophique face au langage qui, quoiqu'opposées, témoignent d'un même aveuglement : la première consiste à cultiver un style qui finit par devenir son propre objet, ce qui, outre le formalisme rhétorique, entraîne solipsisme et narcissisme. La seconde réagit contre cette infatuation pour l'écriture en philosophie en neutralisant toute recherche de style, mais en refusant également d'accorder au langage un rôle autre qu'instrumental. Ces deux attitudes portent toutes deux à faux, soit par excès, soit par défaut. L'écriture n'est pas l'objet universel de la philosophie, mais ne doit pas non plus être totalement absente de son champ d'interrogation. La présente recherche trouve par conséquent son impulsion dans le souci de restaurer une *économie d'écriture* en philosophie en s'interrogeant sur le statut de l'écriture dans une démarche de pensée.

1. La difficulté inhérente à une phénoménologie du langage

Quelle est la situation propre à la phénoménologie en matière de langage, et *a fortiori* d'écriture ? Alors que la démarche analytique anglo-saxonne, cet autre courant majeur de la philosophie contemporaine, s'est au départ constituée en faisant du langage son objet privilégié, au point que l'on puisse parler à son propos, du moins pour ce qui est de sa première étape de formation[1], d'une "philosophie du langage", la phénoménologie se présente comme la description de l'expérience des choses elles-mêmes. Elle se veut un questionnement d'une radicalité telle que son expression fasse corps avec son sens. Ceci invalide semble-t-il toute mise au premier plan de la question du langage comme problème non-élucidé de la phénoménologie, c'est-à-dire comme sa limite interne en tant que philosophie. La phénoménologie questionne *en deçà du langage* : elle s'annonce comme une interrogation plus radicale que l'alternative antinomique entre le "*il n'y a pas d'ineffable*" hégélien et le "*ce dont on ne peut parler, il faut le passer sous silence*" wittgensteinien[2].

A propos de toute investigation philosophique, on peut en effet s'interroger sur son langage propre, sur son rapport au langage, et ceci ne caractérise pas la phénoménologie en tant que telle. La question du langage conduit le phénoménologue à une impasse, à moins qu'il ne s'agisse de réfléchir sur le mode singulier d'expérience qu'est l'expérience langagière : mais il s'agit

1 - Ce n'est plus le cas avec des auteurs comme Davidson, Fodor ou Dennett, qui développent une philosophie de l'esprit, ce dernier étant alors entendu comme un ensemble d'états mentaux. Manifestement, une telle philosophie tend, sinon à remplacer, du moins à élargir la perspective jusqu'alors exclusivement linguistique et logique.

2 - Le cas de L. Wittgenstein est bien entendu trop complexe pour être traité brièvement. Partant d'interrogations radicales touchant au statut du langage et de la logique qui en fournit les règles, en particulier dès le *Tractatus logico-philosophicus* en 1921, Wittgenstein tente en aphorismes de définir un usage correct du langage, averti des pièges de l'esthétique, de l'éthique et de la philosophie elle-même, entendue dans sa dimension métaphysique, c'est-à-dire dogmatique : ces trois visées conduisent en effet au silence de l'indicible. En cultivant un style descriptif porté par l'intuition du voir – délibérément monstratif – et en énonçant avec retenue les faits du monde, il s'efforce de réaliser en acte l'exigence phénoménologique elle-même, jusqu'à thématiser dans ses *Recherches philosophiques* la nécessité du "jeu de langage". Comme nos exergues initiaux le laissent clairement entendre, une telle perspective radicale constitue assurément pour nous un fil rouge sous-jacent mais décisif.

encore d'*expérience*, aussi singularisée soit-elle comme expérience de l'écriture. Au fond, la phénoménologie semblerait ne pas avoir besoin de poser le langage comme problématique, dans la mesure où ce dernier est l'élément immédiat de son sens d'être.

C'est pourquoi, faire du langage une écriture produisant à partir d'elle-même de la différence, au sens strict "différant" dans sa trace, et ce, à titre de thème critique à l'égard d'une phénoménologie décidément située dans une sphère "sauvage" et silencieuse, signifie rester extérieur à la démarche phénoménologique en sa rigueur ; on fait alors de celle-ci un *texte* qu'on analyse selon le principe d'une lecture qui reste herméneutique par-delà la critique thématique et expresse de l'herméneutique heideggerienne, en tentant d'en lever l'impensé qui résiderait dans le langage.

J. Derrida a revendiqué avec conséquence cette position anti-phénoménologique ou, pour le moins, anti-husserlienne dans *De la grammatologie* [3], lequel se présente comme un manifeste pour l'écriture recueillie dans sa trace, contre le risque du "logocentrisme", cette métaphysique de l'écriture phonétique alliée à une assignation au *logos* comme origine de toute vérité. Selon Derrida, la perspective husserlienne attachée à l'idée d'une univocité et d'une transparence quasi-mathématique du langage qui prend la forme de l'idéalité logique de la signification tomberait elle-même sous le coup de la critique de "logocentrisme". La démarche qui s'engage dans cette problématique de l'écriture

3 - J. Derrida, *De la grammatologie*, Paris, Minuit, 1967, p. 11-12. Concernant l'articulation de l'herméneutique (H. G. Gadamer) et de la grammatologie (J. Derrida) par rapport à la phénoménologie, voir *Herméneutique et grammatologie* de J. Greisch (Paris, Ed. du CNRS, 1977), et notamment le § 2 du Chapitre Ier, consacré respectivement à "La sainte famille herméneutique : Dilthey, Husserl, Heidegger" et à "La sainte famille grammatologique : Lévinas, Heidegger, Nietzsche", p. 43-53.

s'ôte néanmoins toute possibilité d'apprécier la phénoménologie en sa teneur de sens la plus forte, à savoir en tant qu'expérience qui "s'origine" dans la couche pré-expressive du sens. Curieusement, J. Derrida mentionne à plusieurs reprises dans *La voix et la phénomène*[4] cette dimension anté-prédicative, comme si elle constituait un obstacle à son analyse, mais sans en tirer toutes les conséquences qui s'imposent.

Que la phénoménologie husserlienne reste dépendante dans ses affirmations doctrinales d'une conception classique du langage comme idéalité logique transparente à son sens et sous-tendue par la référence de la vérité au logos, c'est la vertu de la pensée de J. Derrida[5] d'en avoir fait la preuve. Il resterait à démontrer que la *pratique* de l'écriture de Husserl renvoie également à un tel *topos*. Qui plus que lui serait en effet plus éloigné d'affirmer à la suite de Racine dans sa Préface à *Bérénice* : "ma pièce est prête, je n'ai plus qu'à l'écrire"? On connaît le ressassement husserlien des mêmes questions sur des pages et des pages de manuscrits, ressassement qui conduit Iso Kern dans la dite Préface au *Husserliana XIII* à affirmer que Husserl pratiquait une "écriture pensante" (*denkend-schreibend*) où l'idée surgissait à même l'acte d'écrire.

Il y a donc un abîme entre le concept "logique" du langage dont Husserl resterait dépendant, et sa *pratique* du langage dans le cadre d'une idée de la phénoménologie toujours en train de se faire : là est la teneur phénoménologique de sens. On peut aller jusqu'à faire l'hypothèse que J. Derrida lui-même a été sensible à cette pratique husserlienne de l'écriture au point de la thématiser dans son œuvre, sans cependant thématiser l'origine de cet inté-

4 - J. Derrida, *La voix et le phénomène*, Paris, P.U.F., 1967.
5 - J. Derrida, *L'écriture et la différence*, Paris, Seuil, 1962.

rêt, à savoir la pratique husserlienne de l'écriture elle-même. La question qui se pose cependant à ce stade est celle de l'absence, du moins dans les textes aujourd'hui accessibles, d'une telle explicitation par Husserl lui-même. Lui imputer cette absence comme une lacune ou encore reconduire sa dépendance à la "métaphysique" du langage comme logique manque le sens proprement expérientiel de la recherche phénoménologique au profit de sa surdétermination herméneutique *lato sensu*.

La non-thématisation du langage est constitutive de la phénoménologie, qui prend pour thème le sens des phénomènes et non leur articulation langagière dans telle ou telle langue. S'attacher au mode langagier donné, naturel ou mondain, dans lequel apparaissent ces phénomènes reviendrait à se situer hors-réduction. Il conviendrait ainsi de penser une réduction première qui reconduit toute langue donnée à un langage lui-même situé à hauteur transcendantale, c'est-à-dire élucidé en tant que phénomène de sens. Mais la question qui se pose alors, en dernière instance, est celle de savoir si un tel langage transcendantal a encore quelque chose de "langagier". Or cette interrogation s'avère d'emblée être une fausse question, puisque le langage appréhendé phénoménologiquement admet et requiert en lui de manière intrinsèque la conversion de son sens ; il ne convient donc pas de le chercher là où il ne saurait être : dans la naturalité. C'est là que surgit en toute clarté la nécessité d'une langue transcendantale.[6]

6 - Pour un développement très intéressant de cette question, voir la *VI. Cartesianische Meditation* de E. Fink, § 10, consacré au problème de la langue phénoménologique (Husserliana Dokumente II/1, Dordrecht, Kluwer, 1988, trad. fr. par nos soins, Grenoble, Millon, 1994). Nous renvoyons également à l'ouvrage de M. Richir, *Méditations phénoménologique, Phénoménologie et phénoménologie du langage* (Grenoble, J. Millon, 1992), qui considère le langage comme le phénomène même du sens, sens par essence "se faisant", selon l'expression de l'auteur, irréduc-

2. La poésie comme source de sobriété pour la philosophie

Etant données les difficultés auxquelles la phénoménologie, dans sa version scientifique husserlienne pour le moins, se voit confrontée pour faire du langage un objet effectif d'expérience et de réflexion, étant donné le risque que court l'inventivité phénoménologique post-heideggerienne en se perdant dans un mimétisme "poétisant", il convient d'observer de plus près ces deux voix que sont poésie et phénoménologie. On tentera ici de comprendre comment la première peut insuffler à la seconde un esprit de simplicité dans son expression propre sans la travestir en poétisation spéculative, et comment la seconde peut nourrir la première de sa dimension descriptive réflexive sans la réduire au didactisme.

Dans quelle mesure la poésie peut-elle remplir la tâche immense de ramener la philosophie à cette "sobre ivresse" d'un langage dés-infatué et porté à chaque instant par une juste intuition ? Comment peut-elle servir d'aune "phénoménologique" à une phénoménologie qui se perd de plus en plus dans des ardeurs spéculatives à chaque fois plus prononcées ?

Confronter poésie et phénoménologie dans le but de repérer les conjonctures qui, chez l'une et l'autre, peuvent contribuer à renouveler l'écriture philosophique dans le sens de sa

tible à quelque langue donnée que ce soit, laquelle est toujours liée à un code symbolique particulier. Par-delà la critique frontale de ce qu'il nomme le "logico-eidétique", l'auteur retrouve un "langage phénoménologique" à même l'événement du sens. On peut toutefois se demander, en fin de compte, si l'identification, proposée par l'auteur, du langage comme phénomène au phénomène même du sens ne retire pas au premier toute *spécificité* phénoménale. De même qu'à propos de l'idée finkéenne d'une langue transcendantale, ce qui reste à penser, c'est la *modalité du rapport*, au sein du langage, entre la communication mondaine et le niveau transcendantal du sens.

rigueur, implique de mener une analyse précise et comparative de l'écriture à l'œuvre tant chez le poète que chez le philosophe. Il s'agira par conséquent de mettre en présence deux pensées, l'une poétique, l'autre philosophique, qui, par leur envergure respective, débordent aussitôt le cadre préalablement assigné : la première mène en effet une réflexion très à l'écoute – écoute critique – de la pensée heideggerienne et post-heideggerienne, déployant dans son "discours" poétique de véritables catégories de pensée qui, de manière proprement philosophique, mettent à mal les préjugés de la langue et instaurent une dimension critique à même la poésie ; la seconde pratique une écriture philosophique qui confine parfois avec vertige au poème, tant elle cherche à faire naître, dans l'exploration des limites de la syntaxe prédicative philosophique, de nouvelles potentialités pour la pensée. Ces deux pensées ne peuvent manquer de susciter une interrogation unique sur le *lieu* que partage la poésie avec la phénoménologie et vice-versa, c'est-à-dire sur *ce* qui permet cette étrange osmose des discours. Ces deux discours sont en effet dépositaires d'une expérience commune qui est en même temps le lieu de leur rencontre, celle d'une quête passionnée et inébranlable de l'exigence éthique.

De façon paradigmatique, ces deux voix sont incarnées pour nous par les parcours respectifs d'Y. Bonnefoy et d'E. Levinas. C'est pourquoi, ils feront l'objet d'une étude spécifique, au chapitre IV pour le premier, au chapitre V pour le second. On verra comment un certain risque que court la phénoménologie dans sa tendance poétisante peut être conjuré grâce à une réflexion critique sur le statut même de la poésie, ainsi que sur ses ressources propres. On y examinera également comment l'exigence éthique conserve un caractère ambivalent, surtout lorsqu'elle est élevée, comme c'est le cas chez E. Levinas, au rang de "philosophie première". Elle prend alors la forme d'une démesure, tout à la fois immémoriale et an-archique, dans la compassion pour l'autre, et se traduit sur le plan proprement dit de l'écriture par une forme de débordement à la fois lexical et syntaxique. On peut alors douter qu'il y ait là promotion d'une éthique effective de l'écriture : bien plutôt, il s'agit d'un *pathos,* plus originaire que tout *ethos* réglé par le souci de la mesure.

Tout en s'attachant à confronter les deux voix que sont poésie et phénoménologie à travers ces deux figures aujourd'hui marquantes, il est manifeste que l'orientation du propos amène à interroger le statut de l'écriture *en philosophie* à l'aune des ressources d'une certaine écriture poétique avertie de ses propres risques internes, et non l'inverse. Dès lors, le chiasme entre poésie et philosophie dont on parlait s'avère au fond asymétrique. La poésie d'Y. Bonnefoy est porteuse d'une rigueur philosophique et d'une sobriété d'écriture telle qu'elle peut servir de guide à l'expression philosophique elle-même, tandis que la philosophie d'E. Lévinas offre plutôt l'exemple d'une pensée qui, d'une certaine manière, a poussé l'écriture à la limite de sa "raison". C'est en tout cas une telle intuition que nous tenterons d'explorer dans ce travail.

3. Pour une éthique de l'écriture

Qu'est-ce qu'une éthique de l'écriture? L'intérêt pour la pensée d'E. Lévinas apparaît ici en toute lumière. Alors que son écriture s'offre parfois dans sa non-lisibilité – ce qui invite à le prendre comme un repoussoir –, ce qu'il a cherché à mettre au premier plan, la primauté d'autrui, libère on l'a dit l'espace d'une éthique qui se présente elle-même comme "philosophie première". C'est cette mise au premier plan de l'éthique par Lévinas qui a conduit à retenir sa perspective philosophique parmi d'autres possibles. Il convient donc de faire le départ entre l'écriture problématique de Lévinas et sa pensée, qui servira ici de guide. Cette distinction sitôt faite, force est de s'interroger : le privilégiement absolu de l'éthique n'implique-t-il pas une écriture de l'excès ? L'obsession pour l'autre n'est-elle pas solidaire d'un vertige et d'un débordement pour *dire* cet autre ? C'est qu'il y a éthique et éthique. Celle de E. Lévinas est radicale, absolue, excessive : elle privilégie le "tout autre" qu'est autrui comme figure de l'infini. Or ce n'est pas cette compréhension de l'éthique comme position extrême que l'on retiendra à titre de fil conducteur, mais celle d'une pensée de la mesure et de la sobriété.

Toutefois, il nous incombera d'examiner si cette éthique de la démesure ne libère pas tout de même des potentialités en vue d'une pensée de la mesure. Là encore, E. Lévinas pourra servir de guide : l'éthique vertigineuse du tout autre n'est pas l'éthique de la justice à l'égard du Tiers. Si l'éthique se définit bel et bien par une qualité d'écoute et d'attention à l'égard d'autrui, l'idée d'une éthique de l'écriture ne peut manquer de signifier une exigence de simplicité d'expression, de lisibilité qui rende possible une *certaine* compréhension, c'est-à-dire un dialogue, en d'autres termes encore, une visée de justice, celle-là même que l'on fait à l'autre lorsque l'on consent – avec patience – à l'écouter. Dès lors, tout effet de brouillage, conscient ou inconscient, de la part de l'auteur entraîne incompréhension ou malentendus divers. Quels sont les signes tangibles de ce possible brouillage de la compréhension ? Toutes les expressions qui sont susceptibles de véhiculer une ambiguïté dans l'expression sont porteuses de telles confusions possibles au sein de la pensée. Ce qui, en poésie, se nomme "polysémie" et constitue l'élément même du discours poétique, sa richesse comme sa singularité, devient rapidement "équivocité" en philosophie et représente un écran effectif à une authentique intelligibilité. C'est cette transposition des "outils" de la poésie en philosophie dont on pourra alors étudier le fonctionnement, ainsi que ses effets sur la constitution du régime contemporain de l'écriture philosophique, c'est-à-dire sur le façonnage de son mode d'écriture.

D'où naît ce que l'on pourrait nommer la "fascination" pour un discours philosophique, laquelle est – nous le notions avec Wittgenstein à l'orée de cette présentation – l'attitude strictement opposée à l'attitude philosophique, laquelle consiste précisément à "résister" à l'obnubilation engendrée par l'effet brouillant et perturbant d'une fascination, plus stratégique ou pathétique que philosophique. Il s'agit donc de tenter de comprendre *ce qui*, dans une écriture philosophique, véhicule (à l'insu de l'auteur, ou explicitement) le possible exercice d'une séduction à l'endroit du lecteur. On dira d'une pensée qu'elle est par sa formulation "suggestive", qu'elle "donne à penser", lorsqu'elle déclenche chez le lecteur un état d'effervescence non conceptualisable parce qu'elle ne relève pas de l'intelligence mais de la pulsion. Une telle écriture peut avoir une vertu heuristique, recéler des intuitions fécondes et puissantes. Cela suffira-t-il à la caractériser de "philosophique" ? L'écriture philosophique peut-elle s'assigner l'intuition et la logique de la découverte comme seuls critères de définition ? Formalisation et explicitation radicales ne la déterminent-elles pas tout autant, voire plus encore ?

Une "éthique de l'écriture" se donnera par conséquent pour

tâche de définir les critères d'une écriture *philosophique*, ni fascinante, ni séductrice, mais invitant plutôt le lecteur à déployer son intelligence, davantage que son seul affect[7]. Pour ce faire, l'enquête se portera sur la détermination exemplaire qui opère la cristallisation de la polysémie en poésie, mais l'équivocité en philosophie, à savoir "l'image", dont la métaphore est une figure remarquable. On tentera de défendre une "économie de l'image" en philosophie (comme d'ailleurs en poésie) contre toute idolâtrie, et on utilisera en vue de ce dessein les ressources philosophiques qui sont à l'oeuvre dans la critique de l'image développée par Y. Bonnefoy[8], mais également les catégories de l'idole et de l'icône élaborées par J.-L. Marion[9]. En dernier ressort, c'est le statut de l'image dans le discours philosophique qui mobilisera notre attention, non pour prôner un "iconoclasme" outrancier (il y a une fécondité certaine de la métaphore philosophique, et qui reste à déterminer), mais pour restituer à l'image sa mesure. On proposera alors des procédures d'évaluation de la validité des "métaphores" philosophiques.

Une question pourra en ce sens offrir un fil conducteur

7 - A cet égard, la position de Kant à l'égard du "style" de Rousseau, que d'ailleurs il estimait, est sans équivoque : "Je dois lire Rousseau, note-il, jusqu'à ce que la beauté de son expression ne me distraie plus ; alors seulement puis-je l'envisager avec ma raison" (*Fragmente*, éd. Hartenstein, t. VIII, p. 618). Et E. Cassirer (in *Rousseau, Kant, Gœthe, Deux essais*, Paris, Belin, trad. fr. par J. Lacoste, p. 36) de commenter : "[...] Kant n'était pas disposé à s'abandonner à la magie que Rousseau en tant qu'écrivain exerçait sur lui. Il résistait même à cette fascination et s'efforçait d'y substituer un jugement plus calme et plus serein. [...] Kant ne demande donc aux œuvres de Rousseau ni une impulsion, ni une émotion. C'est plutôt par une décision morale et intellectuelle qu'il a le sentiment de devoir répondre au défi qu'elles lui lancent". Remarquons la convergence lexicale (fascination / résister) des propos de Wittgenstein, et de Cassirer sur Kant. Je remercie S. Labrusse qui a judicieusement attiré mon attention sur ces passages.

8- *La présence et l'image*, Leçon inaugurale au Collège de France (1981), Paris, Mercure de France, 1983.

9 - *Cf.* notamment *L'idole et la distance*, Paris, Grasset, 1977, et *Dieu sans l'être*, Paris, Fayard, 1982.

fécond : pourquoi – et comment – l'opposition entre concept et image n'est-elle plus tenable dans l'écriture philosophique contemporaine ? En d'autres termes, on tâchera de comprendre comment l'étude de la genèse des concepts révèle des images natives et comment l'attention formelle portée à une image en fait aisément un concept. La référence nietzschéenne, à savoir l'attention portée par l'auteur de *Par delà bien et mal* à la généalogie physiologique et pulsionnelle de nos concepts philosophiques, pourra alors avoir une légitimité évidente.

Une éthique de l'écriture philosophique voudrait contribuer à re-définir les règles du discours philosophique dans le sens de sa sobriété, et ce, grâce à une réflexion critique sur ses procédures de discursivité.

4. Une autre époque de l'écriture

Quelques mots, pour conclure cette brève introduction à la question de l'écriture philosophique, sur la raison qui a présidé au choix du sous-titre du livre. Il y a à cette décision plusieurs motivations. L'une, et non des moindres, relève de l'hommage. Yves Bonnefoy a écrit une prose qui porte ce titre[10]. Reprendre celui-ci en lui adjoignant des guillemets afin d'indiquer qu'il s'agit d'une "citation", c'est s'inscrire, même de façon critique, dans des choix de pensée et d'écriture qui ont régi et régissent encore la démarche du poète, loin des modes et des travestissements divers de la pensée.

Les deux autres motivations touchent au sens profond du

10 - *Une autre époque de l'écriture,* Paris, Mercure de France, 1988.

terme "époque", pour y souligner d'une part l'inflexion historique, voire historiale de la question : l'écriture philosophique naît à un moment donné comme thème d'investigation, elle a aussi un destin, et y rencontre la pensée. Il y a une historicité du problème scripturaire. Peut-être l'époque n'est-elle plus à opposer scientificité et poésie. Peut-être une autre époque naît-elle aussi pour l'acte philosophique d'écrire. D'autre part et enfin, on sera attentif au fait que, dans "époque", résonne l'étymologie d'*épochè*, c'est-à-dire suspension, détachement. Si pour les Pyrrhoniens déjà, l'*épokhê* est un état d'abstention, de suspension du jugement, destiné à favoriser l'ataraxie, les Epéchistes, comme les nommait Montaigne[11], n'en ont pas pour autant l'exclusive : les Stoïciens en ont également fait un usage abondant, moins d'ailleurs pour marquer une suspension qu'un assentiment (*assensus*)[12].

Pratiquer une *épochè* de l'écriture au sens phénoménologique, ce n'est donc pas s'abstenir d'écrire par suspicion devant l'acte fini, fragile et imparfait de la consignation, c'est viser à dégager cet acte de ses effets de surface – autant de miroirs déformants – pour ne laisser transparaître que l'effort de pensée qui y est à l'œuvre[13] : on ne peut donner son assentiment que

11- Montaigne, *Essais,* II, chap. XII (*Apologie de Raimond Sebond*), Ed. Strowski, II, p. 229-230 : "Leur mot sacramental (il s'agit des 'Skeptiques' ou 'Epéchistes'), c'est *epekhô,* c'est-à-dire je soutiens, je ne bouge. Voilà leurs refreins, et autres de pareille substance. Leur effect, c'est une pure, entière, et très parfaite surséance et suspension du jugement". *Cf.* Sextus Empiricus, *Adversus Physicos,* I, 132. *Cf.* aussi, P. Couissin, "L'origine et l'évolution de l'épochè", *Revue des études grecques,* 42, 1929, p. 373-97.

12 - Cicéron, *Académiques,* 2, 32, 104, etc.

13 - E. Husserl, *Cartesianische Meditationen, Hua* I, Den Haag, M. Nijhoff, 1950, § 2, p. 47, trad. fr. E. Lévinas et G. Peiffer, Paris, Vrin, 1947, p. 5 : "L'immense production philosophique d'aujourd'hui, avec son mélange désordonné de grandes traditions, de recommencements et d'essais littéraires à la mode – visant non à l'effort, mais à l' 'effet' (*der auf Eindruck rechnet, aber nicht auf Studium*), – ne devons-nous pas à notre tour les soumettre à un renversement cartésien et entreprendre de nouvelles *Meditationes de prima philosophia* ?" *Cf.* aussi J.

lorsque règne une transparence maximale de la pensée dans l'écriture. Une écriture "sous épochè" serait donc une écriture attentive à ménager la qualité intuitive constante de chacun de ses énoncés, une écriture qui ne se déploierait qu'à mesure que l'expérience elle-même prend sens, une écriture toujours prudente à l'égard de la moindre construction non-contrôlée.

L. March, "Dialectical Phenomenology : from suspension to suspicion", *Man and World*, 1984, 17, n°2, p. 121-142, et R. Migniosi, "Reawakening and Resistance : the stoic source of husserlian épochè", *Analecta husserliana,* 1981, 11, p. 311-19.

Chapitre II

GÉNÉALOGIE DE L'ÉCRITURE PHILOSOPHIQUE : TRADITION "SCIENTIFIQUE" ET TRADITION "POÉTIQUE"

Le problème du statut d'une possible écriture phénoménologique ne se pose que dans l'horizon d'une bifurcation entre deux types d'intérêt, chez les philosophes, pour le langage. Ces intérêts renvoient également à deux traditions distinctes : l'une réfléchit sur le langage sans mettre en pratique cette investigation jusqu'à modifier son écriture en conséquence, selon un modèle que l'on dira "scientifique" (Humboldt, Cassirer, Foucault) ; l'autre, réfléchissant l'écriture comme problème philosophique, pratique une métamorphose de celle-ci, selon un modèle de type "poétique" (Nietzsche, Heidegger, Derrida).

En d'autres termes, la première tradition, conformément à sa tendance scientifique, prend le langage comme un objet d'investigation dont il s'agit de découvrir les règles spécifiques de fonctionnement. Sa visée première est de connaissance, que ce soit au moyen d'une étude strictement linguistique (W. von Humboldt), par le biais d'une attention portée au symbolique proprement dit (E. Cassirer), ou encore dans le cadre d'une enquête historique de type archéologique (M. Foucault).

Ce faisant, on pourrait dire que les "scientifiques" portent leur intérêt premier et exclusif au langage dans sa manifestation *positive* et ne réfléchissent guère leur propre rapport à celui-ci. Autrement dit : leur préoccupation théorique ne s'assortit pas d'une élucidation de leur expérience du langage, laquelle sous-tend pourtant bel et bien la dite préoccupation. Il y a donc comme un aveuglement constitutif d'une théorisation qui ne se réfléchit pas comme telle, qui ne thématise pas sa propre mise en œuvre. A ce titre, la critique husserlienne de *l'objectivisme* scientifique porte assurément à plein.

En revanche, la deuxième tradition a très tôt fait du langage voire de l'acte d'écrire une dimension constitutive de l'acte philosophique. La réflexion sur la pratique de l'écriture apparaît ainsi à terme comme le moteur déterminant de la quête philosophique. Dès lors, on ne peut pas dire, loin s'en faut, qu'il y ait risque de positivisme. Bien au contraire : la phénoménologie de l'écriture qui en ressort prend un tour radical, exacerbée chez Nietzsche avec la mise en cause de tout concept en tant que substrat ontique réifié d'un réel toujours fuyant, mouvant et métamorphique, ressourcée chez Heidegger dans une pratique assumée de l'étymologie, thématisée avec Derrida dans sa critique du logocentrisme et sa mise en acte d'une écriture qui se prend expressément à son propre jeu : mais phénoménisme, tautologisme, scriptocentrisme sont les trois noms d'un même risque à se regarder soi-même de façon nombrilique comme instance proférátrice du sens, écrivante ou parlante.

En ce sens, la première tradition peut nous instruire, par delà son objectivisme tendanciel, dans la quête d'une pratique *mesurée* de l'écriture. Maintenir une certaine distance à l'égard de l'objet langagier pour pouvoir procéder à son observation en tant que totalité organique suppose une discipline, un travail, une retenue. On évite ainsi de trop miser sur l'objet en question : on le contemple à une distance respectueuse, afin de ne pas tomber sous sa coupe. Tout n'est pas – loin s'en faut – l'œuvre du seul langage, de la seule écriture : il y a du sens par delà et endecà d'une profération effective de celui-ci, ou encore d'une articulation explicite de celle-ci.

Aussi la première tradition enseigne-t-elle une certaine prudence, une attitude générale de lenteur devant un objet qui, très vite, envahit tout : nous ne sommes pas des êtres parlants pour rien. L'approche scientifique relativise ainsi l'*hybris* du langage en faisant apparaître d'autres dimensions de sens, d'autres modes de donation qui ne passent pas par la seule langue naturelle articulée : le formalisme mathématique, le rythme de l'univers, la vie animale appellent des "grammaires" spécifiques.

Pourtant, le risque inverse serait de neutraliser purement et simplement la *vertu* propre à l'acte d'écrire. Il y a une fécondité certaine à mettre en exergue l'expérience du Dire, ou encore à faire de l'expression un phénomène à part entière. On a eu trop tendance à instrumentaliser le langage pour ne pas reconnaître l'urgente nécessité d'une prise en compte du poids d'expérience que revêt ce dernier. Nous sommes assurément des êtres qui vivent de pouvoir exprimer, symboliser et écrire. Il est donc hautement nécessaire de ressaisir la qualité singulière de ces actes qui nous constituent à mesure toujours plus dans notre humanité.

On tâchera dans ce chapitre de conjoindre deux attitudes de prime abord opposées : une pratique mesurée de l'écriture ; un ressaisissement de l'écriture comme acte phénoménal spécifique. Pour ce faire, on procédera à une généalogie typifiée des deux traditions qui incarnent ces attitudes. La mise en évidence assumée des contrastes existant sur ce plan entre Humboldt et Nietzsche, puis entre Cassirer et Heidegger, entre Derrida et Foucault enfin, pourra permettre en fin de compte de mesurer la fécondité de chacune des attitudes en question, et de définir un régime possible d'interrogation mesurée de l'acte phénoménal d'écrire. C'est là que l'on pourra également relativiser ces contrastes pour faire apparaître un certain nombre de convergences, voire de chiasmes.

Une dernière remarque s'impose, avant de procéder à la dite analyse comparative : nous avons souligné le point commun aux premiers philosophes, à savoir leur souci d'objectivité allié à la scientificité de leur propos ; on pourrait définir les seconds au regard de leur commune inscription, pressentie, fondatrice ou critique, dans l'herméneutique [1]. C'est là indiquer d'emblée l'intimité de leur rapport au langage et, plus avant, au texte comme milieu de l'interprétation.

1. De la fondation de la linguistique à l'interprétation corporelle du concept

Il serait trop long d'énumérer tous les opuscules que le

1 - J. Greisch, *Herméneutique et grammatologie, op. cit.*, qui parle à propos de ces trois auteurs – on l'a évoqué – d'une "famille herméneutique".

frère du géographe a consacré à l'étude d'une multitude de langues, qu'il s'agisse du cantabrique, du basque, du grec, du sanscrit, du japonais, du chinois, des langues amérindiennes ou océaniennes[2]. D'emblée, l'intérêt de Humboldt pour les langues apparaît en tout état de cause sous-tendu par une passion anthropologique et historique : "La tâche de l'historien", essai écrit avant la thématisation du langage par le philosophe, en témoigne, qui annonce déjà certaines notions implicitement langagières, notamment celles de "condensation" et de "diffusion", utilisées à propos d'événements qui sont dès ce moment pressentis comme des lieux du sens et qui n'attendent, de ce fait, que leur expression proprement articulée.

Ce n'est pourtant que lorsque le Ministre chargé des états et corporations démissionne, en 1819, que le linguiste se révèle. Entre 1820 et 1835, date de sa mort à Tegel, Humboldt, déjà âgé alors de 53 ans, se consacre pleinement à ses recherches et élabore une vision comparative des langues. Celle-ci restitue tout à la fois à chacune sa construction singulière ainsi que son dynamisme interne, et l'inscrit spécifiquement dans le déploiement spirituel de l'espèce. Par l'insistance qu'il porte à la dynamique et à l'organicité des langues, le philosophe avoue expressément sa dette envers Gœthe et Schiller, avec lesquels il eut d'ailleurs une longue correspondance. Il participe ainsi à une fondation romantique de la linguistique. En ce sens, il rompt clairement avec la détermination du langage comme dérivé par rapport à la pensée, qui animait les auteurs classiques et, on l'a vu, Racine en particulier. Définissant la langue, non plus en référence à une origine ou à une nature hypothétiques, mais comme un faire et

2 - *Cf.* W. von Humboldt, *Introduction à l'œuvre sur le kavi et autres essais*, Paris, Seuil, 1974, Appendice du traducteur P. Caussat, "Œuvres linguistiques de Humboldt", p. 29-31.

par son usage, il rend compte, de façon très moderne, d'une information mutuelle de la pensée et du langage.

Dans son premier texte consacré à ces questions, "La recherche linguistique comparative dans son rapport aux différentes phases du développement du langage" (1820), Humboldt thématise la notion de "comparaison" en tant que méthode faisant fructifier la multiplicité des langues dans leur organisation propre, c'est-à-dire sans annuler leur singularité, mais faisant corrélativement émerger une perspective commune qu'il nomme alors "économie de l'humanité".

Quinze années durant, le précurseur de la linguistique saussurienne et post-saussurienne est en quête d'un mode d'articulation approprié entre singularité linguistique et communauté organisatrice. Ce sera, *in fine*, le concept de *Verschiedenheit* (différence, ou plutôt diversité), qui viendra rendre compte de la différenciation divergente des langues comme condition de leur dynamique propre mais aussi de leurs points de passage multiples[3].

Mais par delà une telle évolution, ce qui caractérise la conception humboldtienne du langage, c'est l'insistance du philosophe sur le dynamisme organique des langues, lequel trouve à se cristalliser dans le couple organisme/accomplissement. A travers une telle détermination, c'est le déploiement même du langage à l'état naissant (organisme) puis dans son devenir (déploiement) qui se trouve thématisé. D'où, d'une part, l'accent mis par Humboldt sur le verbe comme forme vraie de la langue[4], c'est-à-dire sur les flexions (*Beugungen*) qui signalent la mobilité synthétique d'une langue et, d'autre part, l'intérêt ex-

3 - *Über die Verschiedenheit des menschlichen Sprachbaues* (1835), *Gesammelte Werke*, vol. VI, Berlin, 1846.

4 - *Cf. L'origine des formes grammaticales*, 1821, VI, p. 285 sq.

presse porté au duel comme cas comparatif exemplaire des langues entre elles, de la diffusion à la condensation, mais aussi comme signe de la vitalité interne d'une langue : "Que le duel s'accorde admirablement au rythme de la période, en simplifiant les relations mutuelles que les termes ont entre eux, qu'il exalte pour sa part l'impression de vitalité qui se dégage de la langue, et que, dans la discussion philosophique, il contribue à la clarté et à la rigueur du débat, c'est ce qu'il serait difficile de mettre en doute [5]." En définitive, la langue se définit par son *energeia* permanente, son caractère d'auto-production, matrice dynamique, invariante, bref, transcendantale de toute langue, dans laquelle se trouve ressaisie sa vie interne (*Gemüt*) et son esprit propre (*Geist*)[6] : du mot au verbe, du verbe à la phrase, de la phrase à la prose, puis à la poésie, c'est la même tension énergétique qui habite le langagier.

A la lecture de ces essais destinés à construire une linguistique transcendantale du dynamisme interne au langage, on est frappé par la "clarté et la rigueur" de la langue de Humboldt. Tout en ressaisissant nombre de traits inhérents à un romantisme que beaucoup de poètes (Hölderlin, Novalis, Eichendorff) ou de dramaturges (Kleist, Schiller) mettront en pratique jusqu'à l'exacerbation, et notamment l'expression d'une vitalité interne au langage, Humboldt reste mû par la retenue qu'impose la pratique scientifique. Sa langue reste tenue, sobre et précise. Exemple : "Le point de vue adopté ici met en pleine lumière l'unité du répertoire lexical dans une langue donnée. Ce répertoire forme un ensemble unifié, parce que c'est une seule et même

5 - "Le duel", in *Introduction à l'œuvre sur le kavi et autres essais, op. cit.*, p. 125.
6 - *Cf. op. cit.*, p. 192 *sq.*

force qui l'a produit et que cette production s'est poursuivie selon un enchaînement invisible. Son unité repose sur la cohésion – régie par l'affinité des concepts – des intuitions médiatrices et des éléments phonétiques. C'est cette cohésion systématique que nous avons maintenant à cerner de plus près."[7] On voit ici alterner, selon un rythme très juste, des périodes courtes et des périodes plus longues. L'attention à la période de la phrase dans son enchaînement réglé est l'indice d'un effort d'écriture qui se donne pour but d'effacer tout effet trop visible de style. On a là affaire, de façon paradigmatique, à une des marques de ce que l'on pourrait appeler le "classicisme " de l'écriture de Humboldt. Quoique le traducteur français note, non sans raison, la difficulté du style du linguiste, il insiste surtout sur un certain nombre d'innovations lexicales : *Beugung, Zuwachs,* etc.[8]. L'enchaînement syntaxique reste quant à lui extrêmement mesuré et calculé, la pratique langagière très unitaire.

On ne peut pas en dire autant de F. Nietzsche, que l'on peut tenir, par contraste, pour l'initiateur d'une suspicion radicale portée à l'encontre de tout pouvoir accordé au langage. Au fondateur d'une théorie du langage fait face le déconstructeur de la toute puissance qui serait attribuée à celui-ci. Tous deux s'accordent sur la fluidité dynamique de la langue. Ils en tirent toutefois des conséquences diamétrialement opposées. Devant l'auteur de l'exposé systématique qu'est *La généalogie de la morale*, celui des essais critiques comme *Par delà bien et mal* ou *Le crépuscule des idoles*, celui du poème philosophique *Zarathoustra*, celui des poèmes ou encore des fragments

7 - *Op. cit.*, p. 250.
8 - *Op. cit.*, p. 25.

aphoristiques posthumes, on ressent un certain vertige : à travers ses multiples registres d'écriture et de discours, Nietzsche nous propose une incessante métamorphose et un exemple radical de dé-substantialisation.

Avant d'explorer la polyphonie nietzschéenne en acte, ressaisissons l'acuité de sa critique du langage, qui se décline 1) en une remise en cause de son poids ontologique et, 2) en un réquisitoire corrélatif dressé contre le concept.

1) "Le langage, de par son origine, remonte aux temps de la forme la plus rudimentaire de psychologie : prendre conscience des conditions première d'une métaphysique du langage, ou, plus clairement, de la *raison*, c'est pénétrer dans une mentalité grossièrement fétichiste. Elle ne voit partout qu'actions et êtres agissants, elle croit à la volonté comme cause ; elle croit au 'moi', au moi en tant qu'Etre, au 'moi' en tant que substance, et elle *projette* sur tous les objets sa foi en la substance du moi – c'est ainsi que se crée le concept de 'chose'... "[9] ;

2) " Les mots ne sont que des symboles pour les relations des choses entre elles et avec nous, ils ne touchent jamais à la vérité absolue, et le mot être, entre tous, ne désigne que la relation générale qui relie toutes les choses entre elles – de même le mot non-être. [...] Les mots et les concepts ne nous feront jamais franchir le mur des relations, ni pénétrer dans quelque fabuleux fond originel des choses [...]"[10].

D'un accent de la critique à l'autre, le philosophe met en exergue notre croyance au langage (c'est-à-dire à la grammaire

9 - *Le crépuscule des idoles*, Paris, Gallimard, 1974, p. 37-38.

10 - *La naissance de la philosophie à l'époque de la tragédie grecque*, Paris, Gallimard, 1938, p. 88-89.

ainsi qu'à la logique) comme moyen de fixation d'une réalité qui, sinon, nous échappe, et à quoi se trouve liée, d'emblée, notre obnubilation de philosophes sur les concepts, qui cristallisent éminemment pour nous une telle stabilisation. La croyance génère par conséquent un idéal de maîtrise[11], et le langage en ressort donateur, non seulement de sens, mais d'être. D'où l'autre aspect de la critique, récurrent, selon lequel ce sont les hommes qui ont nommé ainsi les choses.

A contrario, Nietzsche plaide pour une dés-absolutisation du langage, en quoi il rejoint, du moins dans ses déclarations expresses à l'encontre du langage conceptuel, l'exigence de la première tradition que nous avons qualifiée de "scientifique". Les mots sont trompeurs : il convient de rester à une distance courtoise du piège qu'ils recèlent. A la grammaire et à la logique qui, inévitablement, substantialisent notre rapport au réel, Nietzsche oppose "le langage de la vie réelle", ce qu'il nomme aussi le phénoménisme de la pensée, corrolaire du perspectivisme infini du réel, lequel est tout entier fait d'apparences positives. A la prédication qui suppose pour tout acte un sujet et un prédicat ("Il est pensé, donc il y a un sujet pensant"), il oppose la tautologie pure comme élément même de la réalité phénoménale de la pensée ([...] il est pensé, donc il y a des pensées [...])[12].

Au fond, le seul crédit que Nietzsche accorde à ce langage substantialisé du concept est d'ordre pragmatique : notre besoin de conservation pose un monde d'êtres et de relations durables. Mais la critique reste entière : les moyens d'expression du langage sont inadéquats pour dire le devenir. De plus, ils cryptent et symbolisent un mode d'être plus fondamental, d'ordre stric-

11 - *Œuvres posthumes,* Paris, Mercure de France, 1939, § 311, p. 134.

12 - *La volonté de puissance*, Paris, Gallimard, 1947, t. I, liv. I, § 147, p. 81-82.

tement corporel et pulsionnel. C'est ce langage du corps que Nietzsche tente de faire réémerger sous la gangue des concepts[13].

La question qui surgit d'emblée, face à une critique aussi radicale, est la suivante : le destructeur des concepts philosophiques et scientifiques, le promoteur de la complexité souple et infinie du réel sera-t-il à même de découvrir en lui-même des ressources pour pratiquer un autre langage que celui dont il fait table rase ? La question est d'importance. Elle est cruciale ici, parce que la critique est radicale. Elle se posera à nous pour nombre d'autres philosophes aux étapes ultérieures de notre parcours.

La réponse de Nietzsche est à la mesure de son réquisitoire : " Seule vie possible : dans l'art. Autrement, on se détourne de la vie[14]." Aussi cultive-t-il non seulement la poésie, mais aussi la musique, la peinture, la danse, cherchant ainsi d'autres formes d'expression, plus appropriées à faire ressortir l'exceptionnelle et inépuisable richesse du réel. Aussi use-t-il, dans *Zarathoustra* par exemple, de la force des images et des paraboles. Aussi joue-t-il, dans les essais critiques eux-mêmes, sur les possibilités formelles offertes par la langue, pour lui rendre son mouvement interne, ses contrastes et son relief immanent : les guillemets, les italiques, les tirets rythment abondamment la phrase nietzschéenne. Par ailleurs, le goût de l'auteur de *La généalogie de la morale* pour les écrivains classiques français (La Rochefoucauld notamment) va de pair avec son souci de styliste et de rhétoricien : la phrase est alerte, légère, incisive, ses périodes sont courtes et rythmées. Rien du style allemand lourd et ampoulé qu'il dénonce par ailleurs.

13 - *Ibid.*, t. I, liv. II, § 261, p. 279.
14 - *La naissance de la tragédie*, Paris, Gallimard, 1949, p. 231.

Toutefois, une question reste ouverte : n'y a-t-il pas là un pari impossible ? Peut-on avec des mots inventer un langage du corps et de la vie ? N'est-ce pas une autre forme d'*hybris*, plus secrète mais plus puissante encore, que de prétendre épouser le réel par le langage ? Certains post-nietzschéens, en tout cas, se laisseront sans doute prendre à un tel piège, qui n'est que l'envers du piège du langage dénoncé par Nietzsche lui-même. A cet égard, la modestie du linguiste, conscient des limites de sa théorisation du langage et ne basculant pas dans un acte d'écriture qui recherche à toute force l'isomorphie par rapport à la requête théorique, reste riche d'enseignement.

2. D'une "forme symbolique" à la parole qui parle

On peut dire que Cassirer a tiré une certaine leçon du risque potentiel d'emphase que recèle le langage : il n'en fait qu'une de ses trois formes symboliques entendues comme formes d'expression et, de surcroît, il le situe dans une position de commencement, avant le mythe puis la science[15]. Par ailleurs, dès l'Avant-propos au premier volume, la dette contractée à l'égard du travail de pionnier de Humboldt est reconnue à sa juste mesure. A sa suite, et dans un esprit peut-être moins empreint d'idéalisme, Cassirer tente de conférer au langage son autonomie de forme d'expression, en refusant tout autant l'universalisme des grammairiens du siècle classique, de la *Logique* de Port-Royal du grand Arnauld notamment, que le scepti-

15 - *La philosophie des formes symboliques,* 1. Le langage, Paris, Minuit, 1972.

cisme post-nietzschéen ou que la reconduction crocéenne de la forme langagière à l'esthétique.

Il reprend ainsi à Humboldt sa conception génétique de la langue comme *energeia* et non comme *ergon*, c'est-à-dire comme organe formateur de la pensée, comme fruit de l'activité originale d'un peuple et comme producteur d'un monde. On peut même dire qu'il hérite de Humboldt la notion de *forme*, qu'il va quant à lui élargir à d'autres dimensions de la culture. En même temps, il restreindra tant soit peu la portée de la linguistique humboldtienne en l'inscrivant dans la filiation kantienne de la troisième Critique, à partir de laquelle lui-même travaille[16]. En effet, reprenant le projet de l'auteur des trois Critiques, il l'élargit à des champs d'expérience que Kant avait laissés intouchés : c'est le cas, outre le mythe, du langage.

D'un certain point de vue, on pourrait dire que la position de Cassirer quant au statut du langage est régressive par rapport à celle de Nietzsche. Il met en avant le caractère de stabilité et permanence du signe à titre de première forme d'objectivation de la conscience : “Le signe est pour la conscience le premier stade et le premier exemple d'objectivité, parce qu'il marque un arrêt dans le changement perpétuel des contenus de conscience, parce qu'il détermine et qu'il fait ressortir un état de permanence. [...] à ce changement des contenus qualitatifs la conscience oppose [...] l'unité et la forme qui lui sont propres[17]”. En un tour assez hégélien, l'auteur confère au langage une signification idéelle qui est le signe de son affranchissement par rapport à la réalité sensible immédiate.

16 - *Op. cit.*, p. 106 sq.
17 - *Op. cit.*, p. 31.

Mais Cassirer va plus loin. Il attribue au langage un pouvoir de constitution de l'objet : "Le langage n'entre pas dans un monde de perceptions objectives achevées, pour adjoindre seulement à des objets individuels donnés et clairement délimités les uns par rapport aux autres des 'noms' qui seraient des signes purement extérieurs et arbitraires ; mais il est lui-même un médiateur dans la formation des objets ; il est, en un sens, le médiateur par excellence, l'instrument le plus important et le plus précieux pour la conquête et la construction d'un vrai monde d'objets. [...]"[18] Comme pour Humboldt, le langage ouvre et produit un monde, mais, contrairement au linguiste, Cassirer limite le rôle de la forme symbolique linguistique en n'en faisant que le premier palier d'un processus plus général d'objectivation : mythe et science forment les deux stades ultérieurs (et supérieurs) de la production objective du monde.

Or, à considérer l'écriture de l'auteur de *La philosophie des formes symboliques*, on est frappé, d'emblée, par sa très grande neutralité. Souci d'historien de la philosophie ? Attention d'épistémologue des sciences de la culture ? Méfiance à l'égard d'un objet – le langage – qu'il met au premier plan ? Il est bien difficile de trancher. Il n'en reste pas moins que l'écriture de Cassirer est tout à la fois régulière et monotone. Il n'y a guère d'aspérités (images, marquages formels, rythme différencié des phrases) qui arrêtent le regard sur la page, et suscitent ce faisant le passage à la réflexion du lecteur. Comme le dit fort justement W. Yser dans *L'acte de lecture*, ce sont les blancs, les éléments de négativité qui provoquent la réaction de celui qui lit[19]. On a

18 - "Le langage et la construction du monde des objets" (1933), in *Essais sur le langage* (présentés par J.-Cl. Pariente), Paris, Minuit, 1969, p. 44.

19 - W. Iser, *Der Akt des Lesens,* Münich, Fink Verlag, 1976, trad. fr. sous le titre *L'acte de lecture*, Théorie de l'effet esthétique, Bruxelles, Mardaga, 1985.

affaire à une sorte d'écriture tout à la fois blanche et compacte, récit impersonnel d'une histoire, celle du langage, ainsi que d'un mouvement progressif et continu d'objectivation. Il est manifeste que l'historien s'est tellement effacé derrière le penseur qu'il a fini par abandonner cette nervosité dans l'écriture qui est le signe tangible de la vivacité et du relief d'une pensée[20]. Aussi, tout en reprenant à son compte la conception humboldtienne de la langue comme dynamique auto-productrice du monde, on ne peut manquer de constater la position extrême d'extériorité de Cassirer par rapport à son objet. Ce qui, chez Humboldt, témoignait d'un souci de prudence et d'une attitude de mesure face au pouvoir de l'écriture vire à la caricature chez Cassirer : l'impartialité du savant s'allie à une écriture plate et à la limite de l'ennui. Le défaut d'une telle "absence d'écriture", pourrait-on dire, est patent : on court le risque d'identifier purement et simplement la langue naturelle et la langue formelle mathématique. Si "l'écriture" symbolique mathématique est univoque et universelle, elle est aussi totalement a-phénoménologique, dans la mesure où elle ne saurait prétendre à rendre compte ou, mieux, à faire émerger quelque expérience que ce soit.

E. Cassirer et M. Heidegger se sont rencontrés à Davos en mars 1929 autour de Kant et du kantisme : on sait qu'ils ne s'y sont pas entendus, pour le moins. On pourrait faire une analyse encore plus nette de leur opposition respective à l'égard du langage.

Quoiqu'un tel intérêt ne soit pas dominant dans les premiers Cours des années 20, l'importance du langage se dessine

20 - L'examen de certains ouvrages tardifs tels *L'essai sur l'homme* ou *Rousseau, Kant, Goethe, deux essais*, conduit à l'évidence à nuancer une telle appréciation critique.

dès *Sein und Zeit* (1927) sous l'espèce du *Sprechen* (§ 34), appréhendé, aux côtés de l'affection et de la compréhension, comme un mode de constitution existentiale du Là du *Dasein*, puis en tant que forme de la temporalité de l'ouverture (§ 68). Très tôt donc, Heidegger prend position 1) en faveur de la primauté d'une parole anté-prédicative, d'un sens constitutif du *Dasein* par rapport à toute mise en discours, puis en mots, 2) pour la dimension pratique, voire pragmatique du langage (nous mettre en disposition du monde) contre son usage seulement noétique, 3) enfin, pour sa dimension constitutive de l'existence du *Dasein*. La triple critique qui en ressort, critique de la prédication substantielle, de la théorisation linguistique, de l'extériorité du formalisme vise de façon frontale des métaphysiques du langage, ancienne (primauté du *logos*) ou récente (primat du langage formel), dont le handicap premier est l'absence d'enracinement ontologico-existential. A ce titre, l'écoute et le silence sont des dimensions constitutives de la parole, bien plus que sa profération en mots, laquelle n'en est que l'inscription existentielle. Seule l'écoute attentive et le silence lucide peuvent faire pièce à cet inauthentique flux continu de paroles qui nie la parole : un être parlant n'est pas un être bavard (§ 35).

De cette destruction du langage de la métaphysique est solidaire la destruction de l'ontologie de la substance qui porte un tel langage (énonciatif ou prédicatif), destruction à laquelle Heidegger procède également dès 1927. Quelle parole authentique sera à même, sur les ruines de la logique ancienne, de reconstituer un langage à la mesure de l'enracinement ontologique du *Dasein* ? Le seul horizon qui se dessine alors, à titre de relève de la philosophie en pensée, apparaît à Heidegger ressortir à la poésie. Avec une radicalité dont seul Nietzsche, à certains égards, peut offrir un exemple antérieur comparable, l'auteur de *Unterwegs zur Sprache* prend appui sur la parole poétique pour ressourcer la parole philosophique à sa vraie destination : ouvrir et dévoiler un monde. Plus largement, l'œuvre d'art promet une telle ouverture, une telle révélation d'être, pour autant, d'ailleurs, qu'elle est elle-même *poiein*, c'est-à-dire acte poétique (*Dichtung*). Bref, la poésie est essentiellement *Dichtung*, parce qu'elle se déploie dans l'élément du langage[21].

Une telle mise en cause de la philosophie dans son mode d'énonciation appelle un changement de paradigme ainsi qu'une modification conséquente du mode d'apparaître langagier du philosopher. Prenant exemple sur la parole des poètes, Heidegger transforme à mesure son propre idiome. Il prend acte de sa critique jusqu'à l'incarner dans sa propre pratique langagière. On ne saurait être plus cohérent. Ce ressourcement (solidaire d'une enquête menée auprès de Parménide et d'Héraclite) se traduit par trois décisions importantes, qui sont d'ailleurs expressément thématisées : 1) l'attention à la mobilité première des mots dans leur sens premier, c'est-à-dire étymologique ; 2) le souci de la verbalité comme condition première d'une désubstantialisation de la langue ; 3) la pratique de la tautologie (pour ne citer que la plus fameuse, comme la plus thématique ici : "Die Sprache spricht") à titre de mode radical de court-circuitage de l'articulation prédicative[22].

Il en est de toute entreprise abyssale comme de toute fin de règne. La question qui se pose dans ces moments-limite est celle-

21 - *Cf.* à ce propos Fr. Dastur, *Dire le temps, Esquisse d'une chrono-logie phénoménologique*, La Versanne, Ed. Encre marine, 1994.

22 - *Cf.* J.-F. Courtine, "Phénoménologie et / ou tautologie", in *Heidegger et la phénoménologie*, Paris, Vrin, 1990.

ci : que faire, nous qui venons nécessairement après ? Prendre acte de la critique et écrire de la poésie ? Passer à une activité silencieuse et mystique de méditation ? Répéter le geste de destruction ? Dans ce dernier cas, on s'inscrit dans la logique-limite immanente tracée par Heidegger. Dans les deux premiers cas, on ouvre des possibles à partir de cette logique mais sans la répéter. Ces deux possibles, néanmoins, échappent à l'activité philosophique. Si l'on tient à rester philosophe après Heidegger, devra-t-on suivre cette logique d'usure et d'épuisement de la langue ? Devra-t-on, autre possibilité, esthétiser et poétiser la langue dite "conceptuelle" ? Devra-t-on, enfin, tenter de libérer les ressources inédites d'une conceptualité renouvelée ?

3. L'écriture comme trace et l'archéologie du sens

L'auteur de *De la grammatologie* est sans nul doute celui qui, parmi tous les philosophes "venant après Heidegger", s'est préoccupé avec acuité d'accomplir la destruction du *logos* / phonème en une déconstruction de ce qui est alors nommé phonologisme et logocentrisme. Sans doute, l'auteur de *Sein und Zeit* remettait déjà en cause une conception exclusivement phonétique de la langue ; déjà, il insistait sur l'écriture, plus que sur l'écrit[23], dans le cadre, d'ailleurs, d'une valorisation de la pratique de la traduction[24].

"Il s'agit de produire un nouveau concept d'écriture. On

23 - *Cf. Sein und Zeit*, § 35, où l'écrit est dégradé à titre de marqueur rigide du bavardage : "[Le bavardage] ne se borne d'ailleurs pas à la seule répétition verbale, il se prolonge dans la parole écrite comme 'écrit'."

24 - *Cf. Questions I*, Prologue de l'auteur (1937), Paris, Gallimard, 1968, trad. fr. par H.Corbin, p. 10-11.

peut l'appeler *gramme* ou *différance*."[25] Au sein de cet entretien d'où nous extrayons une telle affirmation lapidaire, se trouve ressaisi avec virulence et vigilance l'acquis de la critique heideggerienne, et focalisée la destruction sur le strict plan du langage. Le constat, pour le dire (trop) vite, est le suivant : depuis Platon jusqu'à Saussure compris, l'écriture apparaît comme le parent pauvre d'une réflexion (linguistique) sur le langage qui a donné tous ses gages à l'énoncé, à la parole vive, c'est-à-dire, en fin de compte, à la langue phonétique alliée à la seule écriture qui lui soit appropriée, l'écriture alphabétique. La critique grammatologique vise ainsi à faire droit à d'autres formes d'écriture, c'est-à-dire à nous libérer de notre ethnocentrisme d'Occidentaux et, plus radicalement, à ouvrir la possibilité d'un mouvement génératif des différences internes à chaque langue, mouvement premier précisément nommé differ*a*nce.

Comme Humboldt, Cassirer, mais aussi à la suite Nietzsche et Heidegger, Derrida parie sur la vertu dynamique et mobile du langage à configurer un monde. Comme eux, il récuse une conception statique, synchronique, taxinomique, en d'autres termes an-historique de la langue. Néanmoins, la singularité de son propos touche à la mise en exergue de l'écriture, c'est-à-dire, par voie de conséquence, du texte comme lieu mobile des traces écrites et de leur jeu de transformations mutuelles. Avec Derrida, on a affaire à un philosophe qui, pour la première fois, assume l'acte d'écrire dans sa pleine fécondité positive en refusant d'en faire un acte de consignation d'une pensée toute prête. L'acte d'écrire est premier, il vient avant le sens puisqu'il fait sens. L'acte d'écrire est cela même qui produit les articulations

25 - J. Derrida, "Sémiologie et grammatologie", entretien avec J. Kristeva (3 juin 1968), in *Positions*, Paris, Minuit, 1972, p. 35-36.

langagières, phonologiques elles-mêmes.

A travers le travail critique mené dans *La voix et le phénomène*, *L'écriture et la différence* ou encore dans *De la grammatologie* se profile ainsi une véritable *praxis* de l'écriture : alerte et nerveuse, productrice d'une pensée vigilante à l'égard d'elle-même et des autres. Parfois, l'écriture s'emballe quelque peu, et ce sont les moments où l'auteur commence à plaider pour sa propre cause : “Rien – aucun étant présent et in-différant – ne précède donc la différance et l'espacement. [...] La subjectivité – comme l'objectivité – est un effet de différance, un effet inscrit dans un système de différance. C'est pourquoi le a de la différance rappelle aussi que l'espacement est temporisation, détour, délai par lequel l'intuition, la perception, la consommation, en un mot le rapport au présent, la référence à une réalité présente, à un étant, sont toujours différés. Différés en raison même du principe de différence qui veut qu'un élément ne fonctionne et ne signifie, ne prenne ou ne donne ‘sens’ qu'en renvoyant à un autre élément passé ou à venir, dans une économie des traces”[26]. L'acte d'écrire mime ici, mieux, rattrape une quête de la temporalité qui vient toujours trop tard, puisqu'elle ne peut que laisser des traces d'elle-même dans l'écrire, précisément. On est au plus près d'une écriture phénoménologique qui laisse paraître en transparence l'expérience temporelle de temporisation qui l'habite, et qui, en même temps, se ressaisit à chaque moment comme différance, c'est-à-dire comme cristallisation transcendantale d'elle-même. La pratique husserlienne de l'écriture dans les manuscrits tardifs dira-t-elle autre chose ?

Mais la thématisation radicale de l'acte d'écrire peut-elle

26 - *Op. cit.*, p. 41.

laisser indemne l'écriture de celui-là même qui s'exprime à son propos ? Sans doute pas. Dans certains derniers textes, *L'autre cap*, *Sauf le nom* et quelques autres encore, Derrida pratique de plus en plus une écriture qui se réfléchit (sciemment ?) elle-même, qui, ce faisant, se prend au piège d'elle-même, s'enferme en elle-même, dans ses propres tours et détours : " 'Au bord du langage' voudrait donc dire : 'au bord comme langage', dans le même et double mouvement : dérobement et débordement. Mais comme le moment et la force, comme les mouvements de l'injonction ont lieu par-dessus bord, de l'autre côté du monde, comme ils tirent leur énergie d'avoir déjà eu lieu – même si c'est à titre de promesse –, le texte lisible-il-lisible, la semence théologico-négative reste comme un post-scriptum. C'est originairement un post-scriptum, il vient après l'événement..."[27] Comment s'affranchir du pouvoir aliénant de l'écriture ? En vient-on au constat définitif qu'il n'y a pas de hors-texte, on succombe alors au piège du langage, qui finit par imposer silence à celui qui lui a voué un culte.

Comment continuer à écrire, mais autrement, c'est-à-dire sans s'engouffrer dans l'usure litanique du retournement de l'écriture sur elle-même, laquelle condamne certains épigones du grammatologue à un solipsisme idiolectal sans appel ?

Aussi la rencontre de J. Derrida et M. Foucault ne sera-t-elle pas anodine : elle touche à la folie, c'est-à-dire à l'autre de la raison. Dans son *Histoire de la folie*, ce dernier montre comment la dé-raison est exclue par Descartes, dans sa première Méditation, du champ de la rationalité. J. Derrida fera valoir, dans

27 - *Sauf le nom*, Paris, Galilée, 1993, p. 65.

l'article qu'il consacre à cette question dans *L'écriture et la différence*, combien l'argument du rêve est en réalité plus important que celui de la folie pour saisir la logique du doute cartésien. En tout état de cause, tous deux en ont après la *ratio*, tous deux mènent une critique acide de ses prérogatives. Si l'on connaît les implications d'une telle critique sur la théorie du langage et la pratique de l'écriture chez Derrida, qu'en est-il pour Foucault ?

On aurait tôt fait d'exclure l'auteur de *L'histoire de la folie* ou de *L'histoire de la sexualité* du champ de la philosophie pour le cantonner à un rôle d'historien qu'il revendiqua d'ailleurs également à juste titre. Pourtant, en tant qu'archéologue généalogicien de concepts aussi centraux que ceux de sujet et de désir, M. Foucault offre un regard critique digne d'un philosophe qui, s'il refuse de bâtir un système, jette un soupçon au moins à la hauteur du coup de marteau nietzschéen. Avec l'auteur de *Les mots et les choses*, on a affaire à un scientifique soucieux de l'exactitude des faits et de l'enquête historique, mais aussi à un déconstructeur infatigable des concepts pré-établis. C'est sans doute en lui que le chiasme dont nous parlions entre les deux traditions évoquées au début de ce chapitre se cristallise avec le plus d'acuité.

A cet égard, Foucault conserve de la première tradition le goût du scientifique pour la nécessaire neutralité du propos, laquelle n'est cependant pas monotonie mais suspension de tout jugement de valeur porté. A l'encontre de toute normation du discours habituel, il s'exerce – et exerce le lecteur – à une objectivité critique. La neutralité du scientifique se fait souci d'objectivité et visée intuitive du vrai. En une sorte d'*épochè* pratiquée à l'endroit du discours, toujours tendanciellement empreint d'une validité et/ou d'une valorisation qui parfois seule lui confère son relief propre (on peut penser ici au goût nietzschéen de la polémique !), le philosophe phénoménologue cherche à rompre avec toute forme de fascination liée à quelque effet de style que ce soit. De la seconde tradition, il retient ce soupçon aigu porté à l'encontre du langage et cultive expressément une stratégie d'expression la plus possible affranchie de toute position thétique.

En ce sens, on pourrait dire que Foucault est au plus près de l'éthique de l'écriture que nous placions en exergue de ce parcours, à titre de réquisit urgent d'une écriture phénoménologique qui soit digne de ce nom. Par delà sa position critique à l'égard de la phénoménologie [28], il y a chez l'archéologue du savoir et le promoteur d'une dimension génétique et générative un souci conjoint de *montrer* les choses elles-mêmes dans leur dynamique rétrocessive d'apparaître, *et* d'user pour cela d'une écriture la plus sobre, c'est-à-dire la moins infatuée possible, la plus proche, en somme, du réel à décrire [29].

Au fond, l'un comme l'autre restent prudents à l'égard de la force d'évasion – et d'invasion – de l'écriture, conscients qu'ils sont de la résistance des choses et, en dernière instance, de leur passive irréductibilité.

28 - *Cf.* G. Lebrun, "Note sur la phénoménologie dans Les mots et les choses", in *Michel Foucault philosophe*, Paris, Seuil, 1989, p. 33-53.

29 - De l'autre côté de l'Atlantique, le projet philosophique de E. Gendlin, qui défend une "logic of experiencing" en renvoyant dos-à-dos positivisme logico-scientifique et post-modernisme nihiliste, correspond précisément à cette qualité phénoménologique d'attention à l'émergence sobre du sens à même son écriture mesurée. *Cf.* E. Gendlin, *Experiencing and the Creation of Meaning. A Philosophical and Psychological Approach to the Subjective* (1962), Evanston, Northwestern University Press, Studies in Phenomenology and Existential Philosophy, 1997, p. XIX. Voir aussi à ce propos *Language beyond Postmodernism*. Saying and Thinking in Gendlin's Philosophy (D.M. Levin ed.), Evanson, Northwestern University Press, 1997.

Chapitre III

Y A-T-IL UNE ÉCRITURE PHÉNOMÉNOLOGIQUE ? L'AMBIGUÏTÉ DE L'ÉCRITURE HUSSERLIENNE

FACE à ces deux types d'intérêt chez les philosophes pour le langage, intérêts que nous avons qualifiés, à l'orée du chapitre précédent, de "scientifique" et de "poétique", la question à laquelle il convient à présent de répondre peut se formuler ainsi : comment ces deux intérêts se trouvent-ils mobilisés dans la mise en œuvre d'une écriture que l'on dira "phénoménologique" ? De fait – on l'a déjà vu – la phénoménologie hérite de ces deux traditions. Pourtant, la question qui reste entière à ce stade est celle-ci : comment fait-elle droit à ces deux traditions, c'est-à-dire sur quel mode et selon quels critères ? En d'autres termes, comment se constitue à partir de là la modalité spécifiquement phénoménologique de son écriture ?

On ne peut éviter, pour amorcer une réponse à cette question qui forme en fait le fil conducteur central de notre enquête, de commencer par scruter les modalités singulières de l'écriture du fondateur de la phénoménologie, quitte à en marquer les limites internes et les difficultés propres. En tout état de cause, c'est de cet examen inaugural que dépendra la possibilité d'une circonscription féconde des critères d'une écriture dite "phénoménologique".

On peut d'emblée délimiter le présent propos eu égard à la *modalité* d'accès à l'écriture de Husserl retenue ainsi qu'au *type* de textes convoqués. C'est, d'une part, la *pratique* husserlienne de l'écriture plutôt que sa "théorie" du langage (aporétique, problématique, métaphysique, logocentrique) qui forme l'objet de ce parcours. Une telle inflexion implique un déplacement du centre de l'intérêt par rapport à des perspectives phénoménologiques critiques comme celles de Merleau-Ponty ou, plus récemment, de J. Derrida[1]. D'autre part, c'est l'écriture de Husserl dans des manuscrits de recherche (*Forschungsmanuscripte*) qu'il rédigeait pour lui-même sous forme de "Méditations monologiques"[2], et non en vue d'une publication quelle qu'elle soit (Conférence, Cours, *a fortiori* ouvrage) qui est ici privilégiée.

Il y a à cette double restriction deux conséquences : premièrement, étant donnée la position non-clarifiée et non-uni-

1 - À cet égard, l'usage du terme "écriture" dans cet ouvrage indique tout à la fois notre dette envers la problématique critique de J. Derrida, et les distances que nous prenons par rapport à sa pensée. Celles-ci apparaissent plus clairement à la lumière de la langue allemande : l'ouvrage de J. Derrida, *L'écriture et la différence*, est traduit sous le titre *Die Schrift und die Differenz*, où *Schrift* souligne avant tout l'aspect graphique du terme ; en revanche, l'accent mis ici sur la *praxis* écrivante de Husserl a conduit le traducteur du présent chapitre en allemand, Daniel Oskui (in *Sprache und Pathos*, Hrsg. R. Kühn, *op. cit.*), à opter fort judicieusement pour le terme "das Schreiben", qui insiste davantage sur la dynamique procédurale d'une écriture en acte.

2 - I. Kern, *Hua* XIII, Préface, p. XVIII. *Cf.* aussi H. L. Van Breda, *Hua* I, Préface, p. IX-X.

fiée de Husserl sur le langage, du langage logique au langage de la communication intersubjective, la critique ou la position alternative seraient aisées, à moins que l'on ne s'attache à définir les critères d'un langage transcendantal, comme Fink l'a tenté ; se situer en revanche sur le terrain de la mise en acte du langage dans l'écriture, c'est interroger la possibilité d'une écriture phénoménologique indépendante, voire non-nécessairement solidaire des énoncés explicites de Husserl sur le langage. Si la conception husserlienne du langage demeure, même dans le cadre d'une logique transcendantalisée, tributaire d'une exigence classique (mathématique) d'univocité et d'une détermination conceptuelle (substantielle) de la langue, sa mise en œuvre fait apparaître un mode de discursivité qui échappe assez à ces traits pour relever d'une forme proprement phénoménologique de langage, non nécessairement réfléchie comme telle, et par conséquent à préciser. L'enjeu est ici de réfléchir (de thématiser) cette pratique en la scrutant pour elle-même, de façon à libérer la possibilité d'un langage phénoménologique dont il conviendra de déterminer les réquisits explicites.

Deuxièmement, il est nécessaire de différencier, au sein des modes d'énonciation pratiqués par Husserl, plusieurs types d'écriture. Dans les Cours ou les Conférences, la forme reste classique : elle se conforme à l'articulation prédicative. Dans les manuscrits de recherche en revanche, le propos est beaucoup plus inchoatif voire chaotique : la syntaxe est dés-articulée au point de faire parfois disparaître le verbe lui-même, outil logique prédicatif charnière, et ce, au profit du nom [3]. Les formes langagiè-

3 - A l'opposé de la pratique heideggerienne de la tautologie qui, à la suite de Nietzsche, verbalise pour dé-substantialiser la forme prédicative (*cf.* M. Haar, *Heidegger et l'essence de l'homme,* Grenoble, Millon, 1990, p. 148-154), la nominalisation husserlienne défait la

res se résument alors à de simples nominalisations[4], voire à des énoncés fragmentaires dont on est obligé de restaurer dans la traduction la syntaxe minimale indispensable à leur intelligibilité.

Cette dernière notion apparaît pourtant problématique à titre de norme régulatrice de la recevabilité philosophique, dans la mesure où les manuscrits en question se mesurent plus à leur inventivité exploratoire qu'à leur simple intelligibilité de contenu ; dès lors, le ressassement lui-même est éloquent : il est l'indice d'une attention portée par le praticien Husserl aux variations formelles d'un même contenu de pensée, en vue de libérer, à terme, la formulation la plus adéquate à l'intuition, au voir non-discursif. Ceci présuppose que l'expression soit suffisamment prolixe, quoique non-redondante *stricto sensu*, et qu'elle offre par conséquent tout à la fois scories, résidus et cristallisations éminentes. Aussi la pratique écrivante libère-t-elle une forme d'eidétique en acte, où l'*eidos* – le sens visé – est dégagé à partir des variations formelles – les expressions multiples, autant de possibilités effectives, de variations imaginaires actuelles. Conformément au statut du rapport eidétique entre fait et essence, ou encore entre exemple singulier et généralité conceptuelle, la relation entre expressions et sens est double : le sens ne peut émerger comme tel que s'il s'arrache et s'affranchit des modalités singulières de son expression. Cependant, il ne peut y être

prédicativité par la suppression de l'outil verbal. Cet usage est *thématisé* dès les *Recherches logiques*, I, § 42, [221-224] et VI, [128-130 ; 156-160], où distinction est faite entre les noms concrets, individuels ou propres, et les noms abstraits, relevant de la signification prédicative, mais Husserl ne renvoie pas alors à une pratique discursive effective. *Cf.* aussi l'ensemble de la Recherche IV consacrée à la "grammaire pure logique", et qui donne un primat massif à la nominalisation.

4 - *Cf.* par exemple, *Hua* XV, n°38, p. 666-667, trad. fr. par nos soins, *Etudes philosophiques*, 1991/4.

totalement indifférent puisqu'il puise dans leur singularité même son innervation sémantique propre.

Avant d'en venir à ce mode extrême – et relativement tardif – d'écriture phénoménologique, levons un soupçon concernant ces modes d'énonciation strictement prédicatifs sur lesquels nous allons revenir en fin de chapitre, et que nous qualifions – peut-être un peu rapidement – de "classiques". N'offrent-ils pas des marques strictement phénoménologiques d'écriture par delà leur inscription formelle traditionnelle ? Question corrélative : le phénoménologique passera-t-il nécessairement par une distorsion du linguistique, qu'il s'agisse du lexique ou de la syntaxe ?

1. Une écriture génératrice de pensée

A lire ces textes manuscrits, ou plutôt ces sténogrammes transcrits, on est frappé par l'absence d'attention portée à la correction syntaxique. Un indice, entre autres : le verbe est souvent à la même place que dans la syntaxe française. Exemple, parmi bien d'autres possibles : " Aber wir haben jetzt unter dem Titel Monade *ins Auge gefaßt* die Einheit ihres lebendigen Werdens, ihrer Geschichte."[5]

Comme il est dit au début des *Méditations cartésiennes,* ce n'est pas l'effet littéraire qui est recherché, mais l'effort de pensée. En d'autres termes, il n'y a pas là semble-t-il de souci d'une réception quelle qu'elle soit[6], mais l'exigence de parvenir à une

5 - *Hua* XIV, *Beil.* I, p. 36, nous soulignons : "Mais nous avons à présent pris en vue, sous le titre de monade, l'unité de son devenir vivant, de son histoire".

6 - *Cf.* aussi à ce propos les *Beiträge* de Heidegger, exemple-limite parallèle d'une méditation exclusivement monologique, ou bien encore cet aveu de R. Ingarden dans la Préface au *Streit um*

formulation claire et sobre du problème précis. L'inscription écrite de la recherche a pour but de frayer la voie à de nouvelles possibilités de pensée, plutôt que de présenter un exposé stylistiquement peaufiné, aux articulations conceptuelles transparentes. Le style n'y est en rien cultivé, mais il n'est pas pour autant effacé et l'écriture instrumentalisée au point de n'être qu'un simple canal de transmission de la pensée. En fait, l'instrumentalisation absolue de l'écriture relève au sens strict de la fiction.

Iso Kern, dans sa Préface au *Husserliana* XIII, a noté ce trait singulier de l'écriture husserlienne : ces Méditations ne sont pas "écrites du point de vue de la systématique, mais c'est le cours factuel des pensées se cherchant (*der faktische Gang der suchenden Gedanken*) qui est en elles couché par écrit[7]". Dans le même sens, il caractérise cette écriture de *"denkend-schreibend"*[8] : "ce que Husserl écrivait ainsi sous la forme de la Méditation correspondait moins à ce qu'il savait qu'à ce qu'il ne savait pas. Il n'écrivait pas afin de noter pour lui des intuitions (*Einsichten*) et des idées, mais tentait d'acquérir des intuitions en pensant au moment même de et par l'écriture (*denkend-schreibend*). [...] Ces

die Existenz der Welt (Tübingen, M. Niemeyer Verlag, 1964, p. X-XI : "An Leser hatte ich damals nicht gedacht. – Ich schrieb für mich selbst, da die Gedanken beim Schreiben manchmal reifen und jedenfalls in der sprachlichen Formulierung erst ihre präzise Ausprägung erlangen". Je remercie J.-Fr. Pestureau de m'avoir signalé cette référence.

7 - *Op. cit.*, p. XX. De même, Van Breda, dans la Préface déjà citée, écrit que, "dès 1900, [Husserl] ne pouvait d'ailleurs plus penser sans écrire, et il travaillait à son bureau de sept à dix heures par jour. Le fait que ces innombrables annotations personnelles, datées pour la plupart et classées avec soin, constituent des textes relativement bien lisibles et d'une rédaction assez correcte, rehausse singulièrement l'intérêt qu'elles présentent. Nous possédons ainsi un journal philosophique d'une fidélité incomparable, où l'auteur nous décrit la manière concrète dont il a découvert et résolu les problèmes dont il traite" (*op. cit.*). Voilà qui devrait intéresser tous ceux qui cherchent à comprendre comment Husserl s'y prenait concrètement (pratiquement) pour opérer (par exemple !) la réduction.

8 - *Op. cit.*, p. XIX.

manuscrits de recherche offrent donc moins des résultats que des chemins et des impasses (*Wege und Irrwege*) de la pensée". L'écriture y est motrice, voire productrice de la pensée, non la simple traduction de celle-ci. La réflexion y apparaît *in statu nascendi,* en quête d'elle-même, de fait nécessairement répétitive.

La répétition est ainsi le gage, comme en musique, de possibles variations au départ imperceptibles, tout d'abord de *tempo*, d'intensité tonale, mais qui tendent, à terme, à introduire une modification pouvant se traduire dans la mélodie elle-même : même la forme musicale de l'*ostinato*, dont le principe de variation est *a priori* exclu, puisque l'on a affaire avec elle à une stricte structure de retour, peut générer à terme des formes de variation par rapport à la forme initiale. Il n'y a donc jamais pure répétition (même, de façon plus contemporaine, dans ce que l'on a appelé la "musique répétitive"), mais nécessité d'un "développement", aussi minimal soit-il[9].

Or on fait à la lecture des manuscrits husserliens ce constat d'une écriture qui semble vouer à la répétition[10], mais qui fonctionne en fait sous le signe permanent, formulé explicitement, du développement des implications contenues dans les énoncés. En voici un exemple paradigmatique : "L'homme et la Terre – nous et notre 'Terre' – des 'terres' étrangères. Impliqué en lui les autres ego humains, l''humanité' comme tout des monades : cette

9 - *Cf.* N. Ruwet, *Langage, poésie, musique,* Paris, Seuil, 1972, "Quelques remarques sur le rôle de la syntaxe musicale", p. 135 sq.

10 - *Cf.* M. Heidegger, Remarque préliminaire à l'édition des Leçons sur le temps (*op. cit.*, p. XII de la trad. fr.) : "On a laissé au texte, mis à part les polissages extérieurs, qui ne touchent pas au style, le caractère mouvant d'un cours. Les reprises – qui, à vrai dire, sont d'incessantes variations – ont été conservées à dessein, car elles permettent de vérifier concrètement qu'on a bien compris".

dernière comme mon humanité (mon tout des monades), l'humanité de ma Terre"[11]. La résonnance leibnizienne de l'énoncé est ici patente : elle fait écho à un mode de temporalisation de la phrase dont la nouveauté est à proportion de l'intensité de son ressassement. Le bouclage formel (le passage cité commence avec "L'homme et la Terre" et s'achève avec "l'humanité de ma Terre") donne littéralement sens à la notion de monade comme sphère contenant le monde entier, en expansion continue *à partir d'elle-même*. La monade ne temporalise rien de nouveau qu'elle n'ait déjà implicitement en elle : aussi le passage de la coordination ("L'homme *et* la Terre") à la subordination du génitif ("l'humanité *de* ma Terre) est-il le développement temporalisé d'une expérience d'habitation présente dès le départ. Dans le "et", il y a plus qu'une coordination, il y a une co-appartenance (au sens de la *Zusammengehörigkeit* husserlienne) de l'homme et du terrestre. Dès lors, le génitif final est moins subordination de l'humanité à ma Terre, de l'anthropologie à l'égologie, qu'expérience d'intégration réciproque.

L'expérience de la lecture est à cet égard instructive : l'attention se concentre sur une analyse continue de l'homme et de l'animal dans le monde, dont le développement réside dans la désimplication progressive et insensible des horizons du monde, notamment au cours du quatrième paragraphe du texte. Brusquement, à la suite des cinq paragraphes initiaux, l'intensification de la répétition de la syntaxe fréquemment nominale conduit à un seuil qui nécessite le passage brusque, au paragraphe suivant, à la transcendantalité : "C'est une manière temporelle de parler", dit alors Husserl en se référant à ces cinq premiers

11 - *Hua* XV, n°38, p. 666.

paragraphes. La temporalité du discours comme structure de développement par la récurrence [12] apparaît donc "naturelle" au sens de "mondaine". Pourtant, il n'est pas sûr qu'écriture et parole transcendantales supposent une transformation radicale, ni de contenu bien entendu (ce serait contraire au sens de la réduction), ni même, au fond, de forme.

Que ce sera-t-il passé dans l'expérience de l'écriture pour susciter cette prise de conscience chez Husserl d'un mode par trop temporel de discours, qu'il va immédiatement opposer à son mode transcendantal : "Nous sommes dans la transcendantalité" ? Que se passe-t-il dans l'expérience de la lecture, pour amener (ou non) celui qui lit et s'approprie ainsi l'expérience décrite à cette même conclusion ? Seule l'intensification de la répétition par la récurrence conduit à la nécessité d'un changement de régime d'écriture et de lecture. Un seuil est alors atteint, qui nécessite le passage à un autre mode d'expression, c'est-à-dire aussi à un autre état de conscience. Mais ce changement est brutal, à la mesure du saut qu'il implique dans la pensée. On se souvient que Husserl décrit parfois la réduction, ce passage à l'attitude transcendantale – même si c'est aussi pour critiquer à d'autres moments l'insuffisance d'une telle présentation – en termes de saut, de rupture subite, d'interruption brutale. Un déclic se produit et, d'un seul coup, voilà que la conscience a ressaisi l'intensification progressive de son expérience jusqu'à se projeter sur un autre plan. L'écriture temporalise, c'est-à-dire capitalise, selon l'effet cumulateur de l'écrit, jusqu'à engendrer à partir d'elle-même (à partir de cette accumulation) la libération, la dépense qui va situer le discours dans un autre régime. En

12 Par récurrence, on entend le simple retour de mêmes périodes formelles, et non une structure de palindrome comme c'est le cas, notamment, dans la musique sérielle.

d'autres termes et de façon plus générale, on écrit des pages et des pages jusqu'à ce que l'on découvre que tout tient, dense et précis, en une seule formulation. Mais il aura fallu tous ces brouillons (qui n'en sont en réalité que dans une attitude rétrospective, et encore...) pour donner lieu à une fulgurance formalisée de la pensée.

Est-ce cela que veut dire Husserl lorsqu'il oppose écriture mondaine (temporelle) et écriture transcendantale (phénoménologique) ? Mais en ce cas, il est clair que ces deux écritures ne s'opposent en rien, puisque l'une permet l'avènement de l'autre. Sans temporalisation écrite, pas de ressaisissement formel d'une saisie en coïncidence de la pensée. Si l'écriture transcendantale n'est plus rien de temporel, mais si, pourtant, la successivité cumulative en est la condition *sine qua non* d'éclosion, il apparaît clair que l'écriture phénoménologique ne saurait, sinon à se saborder comme écriture discursive, se déployer hors-succession. On ne peut se satisfaire du fragment ou de l'aphorisme comme seuls indices de la transcendantalité de l'écriture. Quels sont les traits de cette nouvelle manière de parler et d'écrire ?

Cette écriture, non-instrumentale puisqu'elle génère de la pensée à même l'acte d'écrire, s'inscrit sous le signe d'un "pré-transcendantal" non-opposé au transcendantal mais en fournissant les conditions préparatoires dans l'ordre même de l'expérience. Comment l'écriture *devient*-elle transcendantale, et qu'est-ce qu'une écriture transcendantale[13] ? Il y a une genèse de l'écriture transcendantale, une transcendantalisation continue de l'écrire, ce qui suppose moins un saut qu'une transition et un va-et-vient. D'autres présentations de la réduction vont explicitement dans ce sens. À

13 - D'un strict point de vue derridien, cette expression serait contradictoire dans les termes.

moins qu'il ne faille comprendre le saut comme un seuil d'intensification précédée d'une rupture constitutive de l'intensification. Car la genèse elle-même impose parfois des discontinuités, des formes de mutations brutales, nécessaires à son économie même.

2. *Une écriture oxymorique*

Si flux incompressible il y a dans l'événement même d'écrire, la temporalisation ne saurait être totalement dissipée au profit d'une densité intemporelle de la pensée. Bien plus, il convient de comprendre quel autre mode scripturaire de temporalisation se fait jour avec la réduction. On voudrait voir dans l'oxymore une figure de cristallisation temporelle non-substantielle du flux discursif.

A une échelle microscopique, ce qui frappe à la lecture, c'est l'impression d'une écriture qui court après elle-même et au devant d'elle-même, qui est emportée par le sens plutôt qu'elle ne parvient effectivement à le fixer de façon complète. En témoigne cet exemple étonnant : "*Je suis.* Et, constitué à partir de moi, le temps. Auto-temporalisation de l'ego dans le pré-présent *(Vor-gegenwart)* tel qu'il est originairement. Par suite, le monde est constitué, mieux, il est temporalisé avec ses terres, sur la voie de la temporalisation du temps transcendantal-monadique comme forme du tout transcendantal des monades, celui-là même qui donne le 'nous, les hommes' objectivé – nous, les hommes, ceux de ma Terre, de notre Terre[14]".

Cette écriture n'est certes pas transcendantale au sens (kan-

14 - *Hua* XV, n°38, p. 667.

tien) où y seraient définies, à même l'écriture, les conditions de possiblité *a priori* de l'énonciation écrite. Sa transcendantalité réside plutôt dans l'apostériorité du sens, dans son retard de principe sur l'acte même d'écrire. Loin que le sens préside tout fait et tout prêt à la mise en mots, l'écriture est dans sa genèse même la dimension constitutive voire constituante du sens. Ce que l'on notait plus haut à propos des variations expressives formelles et du sens, leur *eidos*, dessinant par là en filigrane les contours d'une eidétique en acte de l'écriture mue par le pouvoir d'effectuation de l'imaginaire, trouve ici à s'approfondir dans la constitution génétique du sens par l'écriture. Une telle transcendantalité en acte de l'écriture implique cette fois, non plus la possibilité effective de l'imagination, mais une dynamique temporelle bien spécifique dont on a commencé de dessiner les contours.

Il n'est d'ailleurs pas anodin que ce point soit particulièrement manifeste dans des textes dont le thème est précisément la temporalité originaire : l'extension progressive de la temporalisation, du moi au monde, en passant par le temps lui-même, les autres hommes, les animaux et la Terre, trouve son rythme stylistique dans une amplification des structures des phrases, minimale au départ à l'image de l'acte égoïque, maximale à la fin lorsqu'est également atteint le développement éminent de l'implication, à savoir le monde, cet horizon des horizons. Il n'y a donc pas, ainsi qu'il fut dit, différence de contenu ni même de forme d'une dimension (naturelle) à l'autre (transcendantale) de l'expérience de l'écriture [15] mais intensification de l'antécédence de l'acte d'écrire sur le sens.

15 - Fink pense ce rapport en termes d'analogie dans la *VI. Cartesianische Meditation,* Dordrecht, Kluwer, 1988, trad. fr. par nos soins, Grenoble, Millon, 1994, § 10.

Au fond, la transcendantalisation de l'écriture correspond à une tentative de court-circuitage de la successivité discursive, le schème avant-après, incompressible naturellement, donnant l'apparence d'une irréversibilité apostériorique de l'écriture sur la donation de sens, alors que celle-ci *résulte* bien plutôt de l'acte d'écrire[16]. Plus encore qu'une circularité dialectique du sens et de l'écriture, la dimension transcendantale libère l'antécédence originaire de l'écrire par rapport au sens. Bien entendu, l'écriture n'est pas, là encore, simple forme d'expression d'un contenu de pensée, mais acte intentionnel donateur de sens. Elle fait corps avec le langage des "choses mêmes" des *Recherches logiques,* ou encore avec le langage de l'expérience comme sens intentionnel perceptif et remémorant des *Méditations cartésiennes*[17].

C'est donc moins le lexique qui importe que la temporalisation de l'acte d'écrire, c'est-à-dire la réduction de la syntaxe prédicative à sa plus simple expression nominale. Aussi a-t-on affaire, précisément comme à propos de la sphère anté-prédicative décrite dans la première Section de *Expérience et jugement*, à des termes juxtaposés sans lien verbal. Mais là où la "forme" anté-prédicative maintient une liaison, sinon verbale, copulative, du moins logique, moyennant l'outil de la contradiction ou de la contrariété, assorti à celui, originaire mais non-prédicatif, de la négation ("*non pas* rouge, *mais* vert" ; "*non pas* sphérique, *mais* bosselée"[18]), ces manuscrits font surgir des expressions qui sont quasiment des contradictions dans les termes, qui relèvent moins d'une logique paradoxale que d'une "logique"

16 - Ceci va clairement à l'encontre de la thèse herméneutique de l'antériorité du sens, et rejoint le propos critique de Derrida à l'égard de l'herméneutique.

17 - *Cf.* Introduction à la traduction française de la *Sixième Méditation,* p. 45-47 (*LU,* II, § 5, p. 30 et *CM,* § 16, p. 77).

18 - *Expérience et jugement,* § 21, a).

que l'on pourrait dire oxymorique et que le Husserl de la quatrième Recherche logique eût lui-même qualifié de *Widersinn* (contre-sens) ou encore de "fer en bois".

Un exemple qui servira de paradigme est la qualification par Husserl de l'être originaire (*Ursein*) comme "stehend-strömend", expression récurrente dans les manuscrits des années 30, et que l'on peut rendre par le syntagme "se maintenant-fluant". Au sens littéral, on pourrait dire que l'on a bien affaire à un paradoxe[19]. Cependant, ce terme renvoie aussi, dans la rhétorique ancienne, à une espèce de cause, le "paradoxon schèma", qui a pour sens premier de choquer ou d'étonner l'opinion (*paradoxon*) et qui se trouve pris dans une structure d'énonciation plus large visant à la persuasion[20]. Au contraire, l'*oxymoron* signifie littéralement et uniquement cette juxtaposition sans médiation aucune des opposés, et n'inclut aucune attention à quelque stratégie de réception que ce soit. On pourrait parler, alors, d'antithèse ou d'antinomie, mais on se verrait ramené dans ce cas à des structures extrêmement logicisées de la contradiction ou de la contrariété telles qu'elles sont explicitées chez Aristote, Leibniz ou même chez Kant.

Or l'écriture husserlienne échappe à une telle logicisation. Le terme "oxymore" présente l'avantage, dans ce contexte, d'être fort peu (voire absolument pas) surconnoté d'un point de vue logique, puisque son sens étymologique révèle simplement l'association de deux adjectifs, *oksus* qui signifie aigu, piquant, acide,

19 - P. Fontanier, *Les figures du discours,* Paris, Flammarion, Champs, 1977, Article "Paradoxisme", p. 137 : "[...] artifice de langage par lequel des idées et des mots, ordinairement opposés et contradictoires entre eux, se trouvent rapprochés et combinés de manière que, tout en semblant se combattre et s'exclurent réciproquement, ils frappent l'intelligence par le plus étonnant accord, et produisent le sens le plus vrai comme le plus profond et le plus énergique".
20 - *Cf.* Isidore de Séville, *Origines,* 2, 8, 1.

et *moron* qui veut dire *émoussé* [21]. Or l'être originaire est également dit, dans ce texte précis, ressortir à une forme de vitalité qui n'est pas une modalité temporelle tout en relevant d'une sorte de présent. Se maintenir-fluer est une figure éminente de l'écriture transcendantale, qui tend à retenir, à "antécéder" par la cristallisation d'une opposition irréductible une forme de temporalité elle-même irréductible à la successivité. Cette figure concentre une temporalisation hors-temps qui fait le temps sans être elle-même temporelle, et relève à ce compte d'une temporalisation bien singulière où le temps s'anticipe lui-même dans sa non-temporalité. La discursivité échoue à rendre compte, du fait de son irréversibilité, de cette sorte de *coïncidia oppositorum* qui tend à formuler le flux comme arrêt, l'antécédent comme actuel, ou encore l'unité comme toujours et à jamais pré-maturée. Il y a là plus que co-existence des opposés, il y a *co-ïncidence* des opposés, car les deux termes ne sont pas seulement juxtaposés, accolés l'un à l'autre de façon encore extérieure : ils se produisent au même lieu et au même moment de l'événement d'écriture. En effet, co-existence manifeste trop l'extériorité de deux termes l'un vis-à-vis de l'autre, et leur liaison par après ; en revanche, coïncidence définit exactement ce qui n'est plus seulement une récurrence, mais une véritable *co-occurrence* des opposés[22].

L'expression de "'Fait' absolu" ("*absolutes 'Faktum'*"), précisée par un double système encastré de guillemets, répond également à cette écriture oxymorique, où le fait se dé-fait c'est-à-dire s'absolutise : "le mot Fait [*Faktum*] dit Husserl est ici utilisé

21 - Dictionnaire *Larousse*. Le dictionnaire *étymologique Larousse* livre au contraire une étymologie différente pour *moron*, en le rattachant à la folie.

22 - Sur la distinction entre co-existence et coïncidence des opposés, *cf. La perspective métaphysique* de G. Vallin, Paris, Dervy, 1977, p. 127.

à tort, il en va de même pour le mot fait [*Tatsache*], il n'y a pas d'auteur [*Täter*]"[23]. En s'absolutisant, le fait conserve pourtant sa facticité singulière, de sorte qu'il parvient à entamer l'absolu : la preuve en est que celui-ci se fait à la fin du texte temporalisation absolue. Ce qui explique la mise entre guillemets de l'ensemble de l'expression de "Fait absolu" : "L'absolu n'est rien d'autre que temporalisation absolue, et déjà son explicitation comme l'absolu que je trouve directement devant moi comme mon originarité se maintenant-fluant, est temporalisation [...][24]".

Pourtant, les contraires ne passent pas l'un dans l'autre, ne s'interpénètrent pas comme ce serait le cas dans une logique dialectique : ils demeurent ce qu'ils sont – eux-mêmes – à travers l'événement de leur coïncidence. La logique distinctive, duelle, naïvement métaphysique, raisonnant sur des oppositions dont Husserl lui-même hérite dès les *Recherches logiques* et dont il reste longtemps tributaire, dans les *Idées directrices...* mais aussi jusque dans certains manuscrits tardifs (forme / matière ; *hylé/morphè* par exemple), s'y voit conjurée, non par son dépassement dialectique, mais par le maintien ferme de l'opposition radicale. Les opposés s'affrontent tous deux dans le choc absolu

23 - *Hua* XV, n°38, p. 669.

24 - *Hua* XV, n°38, p. 670. On connaît la matérialisation stylistique de l'exercice de la réduction par l'apposition de guillemets (*cf. Idées directrices* I..., §89, [183-184] : "Il est clair que tous ces énoncés descriptifs, quoiqu'ils puissent rendre le même son que les énoncés concernant la réalité, ont subi une *radicale* modification de sens ; de même que la chose décrite, tout en se donnant comme 'exactement la même', est radicalement changée, en vertu pour ainsi dire d'un changement de signe qui l'invertit. C'est 'dans' la perception réduite (dans le vécu phénoménologique pur) que nous découvrons, comme appartenant indissolublement à son essence, le perçu comme tel qui demande à être exprimé comme 'chose matérielle', 'plante', 'arbre', 'en fleur', etc. Les *guillemets* sont manifestement significatifs, ils expriment ce changement de sens, la modification radicale de signification que le mot a subi parallèlement. L'arbre pur et simple peut flamber [...] le sens de *cette* perception [...] ne peut pas brûler [...] il n'a pas de force [...]".

de leur co-occurrence non-médiatisée. Les cristallisations oxymoriques répondent à cette nécessité transcendantale qu'il y a de convertir la structure de la récurrence propre à l'écriture naturelle, intensifiée par la désimplication, en une coïncidence résorbant l'altération par l'exacerbation de la dualité contradictoire. Dans "l'antécédence en soi de l'absolu[25]" est alors livrée une temporalisation elle-même transcendantale.

Ce qui est dans ce texte écrit sur un mode un peu extrême et sans doute trop fragmentaire, a des précédents dans d'autres expressions husserliennes, qui apparaissent comme des îlots transcendantaux dans une écriture dont le développement prédicatif reste le régime le plus fréquent. Il convient de ré-interroger en ce sens les expressions de "transcendance immanente" ou d'"expérience transcendantale". Elles concentrent déjà la dualité la plus radicale, sans même s'embarrasser d'un trait d'union – d'un médiateur – comme c'est le cas de "stehend-strömend" ; elles livrent de façon ponctuelle les amorces d'une écriture qui, précipitant la récurrence par son développement intensifié, donne lieu à la co-occurrence comme figure temporelle de la non-successivité.

3. Les cristallisations transcendantales comme conditions d'une phénoménologisation de l'écriture

Ces deux syntagmes (expérience transcendantale ; transcendance immanente) apparaissent tous deux dans les *Méditations cartésiennes*, à des moments-clé du parcours du chemin

25 - *Ibid.*

vers l'intersubjectivité, lequel est tout uniment chemin *de* l'intersubjectivité. Ils touchent selon des inflexions spécifiques au difficile problème d'une égologie originairement intersubjective, et le formulent avec une densité remarquable.

On aurait tôt fait de reconduire ces formulations à une métaphysique régie par la préséance méthodologique de la dualité substantielle ou bien dominée par l'abstraction de la logique d'entendement, comme s'ils s'efforçaient de penser ensemble ce qui ne peut l'être. On verrait alors dans l'expérience transcendantale une expression tératologique (Derrida), dans la transcendance immanente une formulation manifestement inadéquate car insuffisante (Levinas). La première signerait son impossibilité depuis l'horizon kantien pour le moins, où le phénoménal n'est en rien transcendantal pour lui-même, mais requiert des conditions formelles aprioriques de possibilité qui ne sont en rien phénoménales ni phénoménalisables : une expérience transcendantale serait une stricte *contradictio in adjecto*. L'horizon derridien de la critique se déploie à l'autre bout de l'impossibilité, refusant la séparation instaurée par la réduction entre le naturel (l'empirique) et le transcendantal. Au nom d'une pensée de la contamination originaire, l'expérience transcendantale se voit congédiée du fait de son défaut formulé d'intrication primordiale. Quant à la transcendance immanente, elle fait également l'objet de deux critiques inversées, dont l'une, d'inspiration heideggerienne (mais aussi lévinassienne), accentue la transcendance et porte un soupçon sur le résidu d'intériorité subjective (solipsiste) que véhiculerait encore l'expression, dont l'autre, de type henrien, soulignant l'immanence radicale de l'auto-affection, s'inquiète de l'extériorisation tendanciellement empiriste (réaliste, du moins) dont reste empreinte l'intentionalité de la transcendance immanente.

Chacun de ces deux syntagmes se voit ainsi soumis à une critique en miroir. Pourtant, l'enjeu d'une telle critique est à chaque fois spécifique : dans le cas de l'expérience transcendantale, l'alternative se situe entre coupure et mixité, soit entre pureté et impureté, ou encore entre dualité et unité. Le risque interne à ces critiques est la solution dialectique ; la transcendance immanente, tout en pouvant s'inscrire dans une telle problématique, offre d'autres résistances : c'est certes aussi le statut de la distinction dehors / dedans ou, en termes phénoménologiques, apparaître / inapparent qui est en question, mais le risque commun qui se profile dans ces critiques est celui d'une herméneutique qui procède par dévoilement de l'impensé, soit immanent, soit transcendant.

Au fond, de telles expressions ne témoignent pas d'un manque à penser, que viendraient combler dialectique ou herméneutique. Elles suscitent au contraire un mode d'intensification inédit de la pensée, en maintenant ferme l'opposition sans concession d'aucune sorte, c'est-à-dire en laissant apparaître la dualité sans la résorber sous l'unité d'un concept. On peut alors relire autrement ce paragraphe des *Idées directrices...* qui apparaît à plus d'un lecteur problématique, du fait de ce que l'on y dépiste fréquemment comme étant son hylémorphisme résiduel. "Il n'y a pas de forme sans matière, pas de matière sans forme" s'y exclame en substance Husserl. Hylè sensuelle et morphè intentionnelle forment à la fois une dualité et une unité [26]. L'important est ici, plus que jamais, le "et" : un renforcement de la

26 - *Op. cit.*, § 85, [172], p. 289 : "[...] dans l'ensemble du domaine phénoménologique, [...] cette dualité et cette unité de la hylè sensuelle et de la morphè intentionnelle jouent un rôle dominant".

dualité dans l'opposition rigide serait naïf, une unification absolue, spéculative. Se profilent à nouveau deux risques spécifiques mais communément métaphysiques. La dimension phénoménologique trouve son espace de déploiement dans un entre-deux, au sens précis où l'intervalle du deux suture l'opposition massive, tandis que la dualité maintient la tension vive de la pensée.

L'écriture trouve son rythme phénoménologique dans cette intensification continue et progressive des dualités expressives *maintenues telles*, par où la cristallisation d'une telle dualité en syntagme produit une conversion, non seulement de sens mais de la forme : il n'y a plus alors *stricto sensu* de chronologie du sens et de la forme. La discontinuité continue de l'écriture permet à l'expérience de se formuler un instant comme transcendantale, avant de se réinnerver dans un autre régime naturel de temporalisation, rendant ainsi possible une transcendantalisation fugace de l'immanence naturelle de la conscience, selon un jeu incessant de va-et-vient – et maintenu comme va-et-vient – entre l'une et l'autre.

4. La prédicativité de l'écriture phénoménologique

Le caractère oxymorique de l'écriture que nous avons relevé à titre d'intensification de l'intuition et de passage préparé mais soudain du naturel au transcendantal n'entame pourtant pas le régime prédicatif général de l'énonciation husserlienne. Force est alors de s'étonner : comment peut-on à la fois plaider pour – et pratiquer – une discursivité caractérisée par des cristallisations oxymoriques qui sont autant de points d'intensité faisant rupture – autant d'asyndètes – par rapport au flux énonciatif le plus fréquent, *et* maintenir le rythme prédicatif du langage ? D'un strict point de vue heideggerien, le jugement serait sans appel : on aurait affaire à une langue qui tente (par l'oxymore) de se libérer de la métaphysique de la logique formelle, mais qui n'y parvient que de temps en temps. Ces cristallisations oxymoriques seraient des îlots phénoménologiques au sein d'une langue demeurée métaphysique, ou bien, sur un mode plus strictement husserlien, des moments d'expression transcendantale dans une discursivité naturelle et mondaine. Jusqu'ici, nous avons fait comme si nous cautionnions cette interprétation du phénoménologique.

Or, une telle interprétation revient à opposer radicalement naturalité et transcendantalité, mais aussi métaphysique et ontologie phénoménologique : une telle opposition échoue à ressaisir le caractère spécifique de cet objet qu'est l'écriture. Il n'y a pas d'écriture transcendantale pure : elle ne saurait donc être pensée dans son opposition à un régime naturel qui est notre modalité la plus courante d'expression. Si le modèle de l'étanchéité absolue (de la pureté transcendantale) est ici inopérant, il n'est pourtant pas dit que celui de la contamination ou du mixte (de l'impureté) soit plus satisfaisant : il contribue à un brouillage général du phénoménologique. Toutes les formes d'expression, dès lors qu'elles pratiquent le chiasme, le mélange, l'hybridation, recevraient alors le "label" de phénoménologique. Un tel brouillage ne permet en aucune manière de distinguer des traits spécifiques, ni de procéder à une formalisation possible (y compris plurielle) de l'écriture phénoménologique.

Une autre voie serait celle de l'analogie, qui consiste à supposer une langue transcendantale dont l'accessibilité ne peut avoir lieu qu'à travers (par analogie avec) la langue naturelle. Le langage est nécessairement mondain, mais ses structures constitutives non-apparaissantes livrent sa qualité transcendantale propre. Adoptée par Fink dans la *Sixième Méditation cartésienne* (§10), cette solution, outre qu'elle ne se situe pas sur le plan précis de l'écriture, reste par trop marquée de kantisme : en quoi les structures constitutives non-apparaissantes sont-elles différentes, en définitive, des conditions formelles de possibilité de tout apparaître ? S'il y a une écriture phénoménologique (y compris transcendantale), ne doit-elle pas d'une manière ou d'une autre apparaître elle-même, sinon à se saborder comme telle ? Quel est l'apparaître spécifique d'une écriture dont la transcendantalité est déléguée, voire reléguée à ses structures non-apparaissantes ?

Face à cette difficulté méthodologique engageant l'apparition possible (et nécessaire) de l'écriture dans sa dimension phénoménologique, il convient de se confronter directement aux modes d'énonciation eux-mêmes. On considérera le régime d'écriture qui leur est propre, plus que le style subjectif et idiosyncrasique qui les habite ou la textualité qu'ils revêtent, ce qui reviendrait à envisager structurellement l'organicité d'une totalité[27].

27 - Il va sans dire qu'il n'est pas dans notre intention ici d'entrer dans les débats internes à la stylistique contemporaine concernant la distinction entre style, écriture et texte. Nous reprenons simplement à notre compte la définition du style (*Sprachstil*) par Léo Spitzer (*Etudes de style*, Paris, Gallimard, 1970) comme singularisation de la personnalité des écrivains, définition qui est aussi celle qu'adopte de façon critique R. Barthes dans *Le degré zéro de l'écriture* (Paris, Points Seuil, 1953, 1972). Pourtant, nous ne reprenons pas en charge la compréhension barthienne de l'écriture comme fonction formelle, comme "langage littéraire tranformé par sa destination sociale" (*op. cit.*, p. 14), ni sa lecture structurale de l'œuvre comme "texte" clos sur lui-même (*Eléments de sémiologie*, 1964, et *S/Z*, 1970). A ce titre, Todorov comme Genette s'inscrivent dans le même parti-pris structural et textuel. Dans "écriture", nous insistons davantage sur le processus expérientiel, la *praxis* à l'œuvre dans l'acte même qu'est écrire. S'il fallait invoquer une ascendance en matière de théorie du langage, c'est la référence à l'ouvrage

On peut procéder à une première typologie de ces modes d'énonciation, en tant qu'ils sont liés à des régimes d'expression spécifiques : 1) dans les œuvres destinées à la publication, aussi rares soient-elles (c'est le cas de la *Philosophie de l'arithmétique*, des *Recherches logiques* et du premier volume des *Idées directrices...*), l'inscription linguistique reste de part en part prédicative : elle répond à une logique formelle qui se reflète dans l'articulation langagière. La question est donc : où sont les critères phénoménologiques de cette écriture-ci ? ; 2) dans les Cours, la finalité orale et adressée du texte écrit infléchit son expression dans le sens d'un marquage spécifique : appel aux Leçons précédentes, allusions à l'auditoire, et ce, jusqu'à la disparition totale de l'écrit au profit du discours oral. On sait par I. Kern que les *Problèmes fondamentaux de la phénoménologie* ne correspondent qu'au tout début d'un Cours prononcé durant le semestre d'hiver 1910-1911, que Husserl continuera oralement : on n'en possède plus à présent aucune trace ; 3) dans les Conférences, l'écriture, également finalisée par la présence de l'auditoire, se libère des contraintes de la technicité formelle. Husserl s'adresse alors à un public relativement large : c'est le cas de la *Philosophie comme science rigoureuse* de 1911 où apparaît la polémique avec Dilthey, des Conférences de 1917-1918 adressées aux officiers mobilisées, connues sous le nom des *Kaizo-Artikel*, dont la dimension thétique ressort au détriment de l'analytique critique, de la Conférence sur Kant de 1924, qui donne lieu à une écriture de type plus synthétique, ou encore des Conférences de Vienne puis de Prague en 1935-36, où la technicité disparaît totalement au profit d'une ouverture thématique.

de J. L. Austin, *How to do things with Words* (Oxford, 1962) (*Quand dire, c'est faire*, Paris, 1972) qu'il nous plairait de revendiquer.

Cette première catégorisation demeure pourtant insuffisante : elle ne permet en rien de définir les critères possibles d'une écriture phénoménologique différenciée. Une analyse formelle de quelques extraits choisis pratiquement au hasard devrait suppléer à une telle insuffisance. A une première lecture cursive, le § 35 des *Idées directrices I...*, comme beaucoup d'autres paragraphes du même ouvrage, fait apparaître un souci monstratif assorti d'une volonté définitionnelle. La récurrence des formes impératives qui ouvrent le discours sur l'autre (à savoir, de façon inextricable, autrui et le hors-texte de l'expérience), le discours à la première personne, où la subjectivité est originairement intersubjectivité (ce dont témoigne le "nous"), la multiplication des exemples qui visent la concrétisation du discours, l'abondance des déictiques enfin, qui indiquent littéralement la monstration, tous ces marquages linguistiques concourent, au sein de périodes entièrement prédicatives, à enraciner l'écriture dans l'expérience vécue, au point, d'ailleurs, d'effacer la première derrière le voir de l'intuition. Le souci de monstration intuitive obéit à une attention primordialement descriptive. L'expression est donc non-logicisée, au sens où les outils logiques (de causalité, de conséquence, d'implication) sont, du moins durant tout un premier temps, quasiment absents. Ils n'apparaissent que lorsque la volonté définitionnelle prend le pas sur le souci monstratif, de façon à opérer des contrastes ("mais"), à répondre à une objection intérieure concernant une délimitation indue ("Ce que nous disons..."), à élargir le cadre descriptif ("On n'a pas seulement conscience..."), jusqu'au marquage définitionnel explicite de la fin. Mais le souci définitionnel se manifeste aussi, plus phénoménologiquement, par la présence abondante de guillemets – tout terme ou expression nouveaux en sont dotés –, par l'importance des italiques, ainsi que par la thématisation expresse de l'acte d'énonciation ("Ce que nous disons ... nous parlons en outre.").

Quant au § 11 des *Problèmes fondamentaux de la phénoménologie*, second extrait retenu, offre-t-il des indices formels remarquables qui seraient inhérent à la catégorie "Cours" ? Une première remarque concerne la labilité des catégories "Cours" et "Ouvrage publié". En effet, Husserl n'hésitait pas, parfois, à prendre des extraits de ses Cours pour les insérer dans un livre destiné à la publication[28]. On peut donc présumer qu'il n'y aura pas une différence absolue entre les genres d'écriture à l'œuvre dans ces deux types de textes. De fait, on y retrouve par exemple un jeu constant sur le "nous" et le "je". Pourtant, l'exemplification y est quasiment inexistante : elle est relayée par des appels à "l'évidence" qui valent plus comme des énoncés suppléant par commodité le voir au discursif que comme des gestes effectifs de monstration intuitive : "Il n'y a, du point de vue de la chose, qui, une fois qu'on l'a vue, est absolument évidente, rien d'autre à dire." ; dès lors, la re-construction n'est pas loin : "En tout cas, il *doit* y avoir des groupes quelconques de propositions qui explicitent le sens qui se trouve dans l'expérience du Je, dans l'expérience de ce qui relève de l'âme, et qui tirent leur évidence de la transposition intérieure dans la donnée parfaite des modes concernés de ce qui relève de l'âme"[29]. La dimension *constructive* de la discursivité apparaît clairement dans l'usage du mode du devoir, lequel renvoie à une forme de postulation, ou bien dans celui du vouloir, qui relève plus d'une exigence que d'une réalité effectuée : "De même, quand nous *voulons* montrer ce qui ap-

28 - *Cf. Grundprobleme der Phänomenologie, Hua* XIII, n°6, p. 141, (1), Note de l'éditeur.
29 - *Hua* XIII, p. 140.

partient à l'essence des vécus, dans la mesure où ils sont vécus de personnes vivantes [...]"[30]. Il est patent que l'exigence de description monstrative reste construite. Se présentant comme un moment de synthèse et de bilan de ce qui a été acquis précédemment (à titre d'ouverture du chapitre II[31]), ce § 11 a un caractère effectivement plus expositif que descriptif ou analytique. Il recense des résultats d'analyse plutôt qu'il n'en ré-effectue à proprement parler l'expérience. C'est le cas, manifestement, du premier alinéa, qui ressaisit explicitement l'acquis antérieur (d'où l'usage du temps passé et de la première personne du pluriel), mais aussi, au fond, des alinéas suivants : les interrogations restent rhétoriques, l'appel à la première personne du singulier demeure surplombant. Le deuxième alinéa est tout entier traversé de questions, mais celles-ci contiennent déjà en elles leur réponse – ce que révèle Husserl au début de l'alinéa suivant[32]. Le caractère artificiel du Je apparaît en fin de paragraphe, lorsque Husserl passe à nouveau au "nous", sans raison apparente : "De même, quand *nous* voulons montrer...". Le caractère phénoménologique de l'écriture paraît donc extrêmement lacunaire, à l'aune, notamment, de l'extrait précédent des *Idées directrices...* A moins qu'il ne faille conclure de l'analyse formelle de cet extrait que la teneur descriptive contient toujours déjà une part de construction, plus ou moins explicitée selon les passages choisis !

Si l'on se penche, enfin, sur le type d'énonciation qui pré-

30 - *Ibid.*

31 - Tout en étant dû à l'éditeur, le marquage en chapitres et en paragraphes reflète bien le rythme de développement du Cours.

32 - *Op. cit.,* p. 139 : "Or, dans la mesure où je viens tout de suite de parler de connaissance au sens subjectif, j'ai déjà apparemment donné la réponse". ; "Cela n'admet-il pas aussi un examen apriorique ? Certainement".

vaut dans les Conférences, on y découvre un ton inattendu, ni analytique ni constructif, mais porté par un élan que l'on pourra qualifier de lyrique ou même de prophétique. Pour convaincre son auditoire, Husserl ne peut pratiquer l'ascèse descriptive qui est habituellement la sienne. Il est conduit à d'amples développements syntaxiques dont la téléologie est le moteur méthodologique[33]. Ainsi, la définition préliminaire de l'Europe relève tout entière d'une construction faisant appel à l'intuition : "Au sens spirituel, il est manifeste que [...]". "Il est manifeste que, sous le titre d'Europe, [...]". "Il faut donc que les personnes [...]". Les deux paragraphes qui suivent se déploient en mode d'ampleur plutôt que d'intensité, par énumération et élargissement progressifs des réalités historiques contenues dans l'idée d'Europe. Le lyrisme atteint son acmé avec la dernière phrase, qui emprunte la forme stylistique d'une comparaison filée de la mer, destinée à qualifier l'humanité. Voir là des marquages phénoménologiques spécifiques est peu convaincant. On a plutôt l'impression que les thèmes prennent le relais sur la méthode, dans ces textes plus accessibles, pour situer le propos sur un plan phénoménologique. Du reste, le régime d'amplification des phrases n'est pas sans ressembler au mode d'explication des implications à l'œuvre dans le passage du manuscrit commenté plus haut, avec la différence que celui-ci ménageait les seuils d'intensification requis en vue du passage à la transcendantalité. Dans cette Conférence, on peut douter qu'on se situe à aucun moment sur un plan transcendantal d'expérience.

33 - "La Crise de l'humanité européenne", in *La crise des sciences européennes et la phénoménologie transcendantale,* Paris, Gallimard, 1976, trad. fr. par G. Granel, p. 352-353, de "Nous posons la question de l'Europe... à ... les autres plus primitifs".

Ce qui ressort de l'analyse qui revient d'être menée à propos de la pratique husserlienne de l'écriture est l'extrême hétérogénéité des modes d'écriture en présence. Si l'on ne peut à ce stade dégager des critères précis de ce que serait – ou pourrait être – une écriture phénoménologique, il est manifeste que ce que l'on peut affirmer dès à présent, c'est qu'une telle écriture – si elle existe effectivement – se caractérisera par la pluralité native de ses modes d'expression. En bref, il n'y a pas *une* écriture phénoménologique, dont la force serait l'homogénéité. Mais ceci reste encore un critère négatif d'approche d'une telle écriture.

De l'examen de la *praxis* écrivante du fondateur se dégagent par ailleurs deux critère potentiels, qu'il conviendra d'approfondir pour eux-mêmes, voire de confirmer moyennant d'autres analyses : 1) la présence d'un rythme temporel singulier de cette écriture, caractérisé par le court-circuitage de la successivité linéaire avant-après, ainsi que la promotion, par contre coup, d'une dimension d'auto-anticipation de l'acte d'écrire sur le sens lui-même, acte d'écrire qui s'avère dès lors être moteur de l'avènement du sens lui-même ; 2) la mise au premier plan d'un souci de monstration intuitive qui passe, concrètement, par l'exigence d'une exemplification concrète. Ces deux traits impliquent des formes de cristallisation, oxymorique ou imagée, qui nous situent au plus près d'une exigence que, très spontanément, on serait tenté de qualifier de "poétique".

Il convient par conséquent de se pencher à présent de plus près sur cette proximité que semble entretenir l'écriture phénoménologique, au vu de ces deux critères, avec l'écriture poétique. Pour ce faire, nous procéderons en deux temps : tout d'abord, dans le cadre du chapitre suivant, nous retracerons certains jalons de la constitution historique de la phénoménologie du point de vue de ses relations avec la poésie ; dans un second temps, au chapitre cinq, nous examinerons les différentes modalités selon lesquelles certains phénoménologues post-husserliens, dans leur usage de la métaphore, ont remis en cause ou brouillé la distinction classique mais naïve entre concept et image.

Chapitre IV

LE RISQUE POÉTIQUE DE LA PHÉNOMÉNOLOGIE ET L'EMPREINTE PHÉNOMÉNOLOGIQUE DE LA POÉSIE

La phénoménologie, née en Allemagne grâce à l'effort scientifique d'analyse de Edmund Husserl, a reçu sous l'impulsion de Heidegger, on l'a vu, une inflexion telle que la poésie y apparaît comme l'horizon d'une relève possible de la pensée *conceptuelle*. Il est dès lors manifeste que la poésie des décennies qui nous précèdent, depuis l'après-guerre pour le moins, a été également par contrecoup confrontée, *a dû* se confronter à un tel investissement d'elle-même par des philosophies qui revendiquaient la pensée heideggerienne comme leur creuset car elles étaient tout simplement issues d'elle. Etant donnée la réception massive qui fut faite en France dès les années 50 à cette pensée, les poètes ont été pour ainsi dire sommés de réagir, consciemment ou non, pour s'en inspirer ou bien pour rejeter les implications, qu'elles soient idéologiques, philosophiques ou poétiques (le plus souvent tout cela ensemble), de cette "poétisation" du concept que reprendra à son compte Merleau-Ponty, puis, sur le plan poétique aujourd'hui, J. Garelli ou même J.-L. Chrétien. A la suite de la "transmission" permise par M. Blanchot, des poètes comme R. Char ou, différemment, A du Bouchet, traducteur de Hölderlin et de Celan, trouvèrent dans l'horizon de pensée libéré par Heidegger une fécondité thématique mais aussi formelle ; d'autres voix semblent en revanche avoir fait l'économie, du moins avoir été indifférentes à cette influence venue d'Allemagne, qu'il s'agisse, par exemple, de P. J. Jouve ou de J.-Cl. Renard, ou avoir même protesté contre une telle appropriation philosophique du poétique : c'est le cas d' Y. Bonnefoy ou de E. Jabès, sur des modes très distincts, explicite ou non.

Or on sait combien Husserl, en revanche, était plus que méfiant devant toute " élaboration mythique de concepts " ou encore devant toute "poésie du concept"[1], celles-là mêmes qui l'inquiétaient dans la "philosophie romantique" de Hegel dont il parle également dans la Conférence de Vienne, "La crise de l'humanité européeenne", prononcée en 1935. De façon analogue, on peut dire qu'il y a aujourd'hui un "romantisme phénoménologique" où le poétique a la fonction de pourvoir la phénoménologie d'un creuset d'images propres à réinnerver une langue conceptuelle qu'on estime usée, dont on prétend en tout état de cause qu'elle doit nécessairement s'affranchir du concept pour renaître à sa vraie "destination". De ce point de vue-là, on peut dire que l'on n'a pas avancé d'un pouce par rapport à la situation immédiatement post-heideggerienne.

1- *Krisis, Hua* VI, 1954, § 57, p. 205 et p. 203-204.

A partir de cette configuration phénoménologique contemporaine, on voudrait tenter de cerner ce que les poètes eux-mêmes en ont fait, comment ils en ont reçu l'empreinte, comment, du moins, cette veine phénoménologique a pu se cristalliser dans leur pratique de la poésie. Si une certaine phénoménologie, encore relativement dominante aujourd'hui, a pu chercher en la poésie un salut pour la pensée, l'inverse est-il vrai ? Cela caractérise-t-il une certaine poésie aujourd'hui encore, par delà Char et ses immédiats successeurs ? Au delà de gestes explicites d'appropriation ou de rejet, comment se traduit, comment se transmet l'héritage phénoménologique dans la poésie d'aujourd'hui ? A l'inverse, quelle poésie pourrait *a contrario* être à même d'affermir la rigueur phénoménologique jusqu'à lui offrir une possibilité d'économie d'écriture qui aille à rebours de toute “poétisation du concept” ?

À la lecture d'un grand nombre d'œuvres poétiques contemporaines, on est frappé par l'importance qui y est accordée au monde comme lieu ouvert et infini, déployé en maints horizons, comme entrelacs de multiples foyers singuliers de présences, d'objets et d'événements ; on est étonné qu'autrui y apparaisse également de façon régulière à titre d'interlocuteur du poète, d'ami(e) ou bien encore de personne anonyme, de membre partageant un même monde commun ; on est perplexe, enfin, devant la présence insistante d'une dimension du divin, plutôt que de Dieu en tant que telle, qui affleure de façon récurrente pour nommer une transcendance que l'on hésite souvent à qualifier tant son existence certaine reste pour beaucoup problématique. La présence entrelacée de ces trois motifs signifie un déplacement du lieu de la poésie par rapport, pour nous en tenir aux périodes historiques les plus proches, au romantisme ou au surréalisme, qui consacraient, pour l'une, l'homme, la nature et l'amour, pour l'autre, la révolte, l'engagement et une recherche d'expérience des et aux limites. Sans vouloir dire que ces derniers thèmes sont absents de la poésie contemporaine, il apparaît que, par delà les engagements confessionnels ou idéologiques de chacun, la quête poétique s'est recentrée autour d'un horizon philosophique à trois dimensions, et que l'on peut qualifier de façon générale d'ontologique, d'éthique et de théologique *lato sensu*. Ce qui pourrait ainsi définir la configuration de pensée de la poésie contemporaine, c'est cet entrelacement, infléchi différemment selon les poètes, d'une préoccupation ontologique pour le monde, d'un souci éthique de la personne d'autrui et d'une quête théologique (même si elle reste souvent agnostique) du divin.

1. L'horizon du monde et ses modes d'apparaître

En décrivant tout ce qui apparaît selon la manière propre que chaque objet a d'apparaître, la phénoménologie s'est donné pour thème les événements du monde toujours à chaque fois singuliers, lesquels puisent leur réalité de leur manifestation à la conscience. Il s'agit par conséquent de rendre compte de ce qui apparaît, y compris sur un mode au départ irréfléchi et, partant, pré-verbal. C'est élargir la conscience à tout ce qui me touche de façon extrêmement intime, sans que je puisse *a priori* me le donner, me le rendre accessible par un acte de réflexion ni *a fortiori* me le formuler à moi-même. Tout ce qui semble se donner de façon immédiate, donc sur un mode fragile et labile, en d'autres termes, tout ce qui est vécu de façon immanente, perceptive ou affective, est le thème de la phénoménologie.

Dire cela, c'est d'emblée rencontrer de façon frontale des préoccupations essentielles et originaires de la poésie, dont la tâche est d'amener à l'expression l'immédiat et l'indéfait du monde. Husserl ne caractérise-t-il pas la quête phénoménologique comme cette exigence d' "amener à l'expression pure de son propre sens [l'expérience pure et, pour ainsi dire, muette encore]"[2] ? Or le "langage" de la phénoménologie n'a pas de prime abord et originairement la caractéristique du langage articulé. C'est pourquoi, il est extrêmement risqué de parler sans précaution méthodologique d'une "écriture" phénoménologique. Le langage primordial de la phénoménologie, c'est le langage même de la perception, du sens perçu, en d'autres termes, husserliens, c'est un langage dont l'originalité est d'être antéprédicatif. Ou encore, sur un mode plus henrien, on le verra plus loin en détail, le langage de la phénoménologie, c'est celui-là même de l'affectivité comme auto-affection de soi par soi, laquelle se passe fort bien de mots, ou du moins se situe le plus souvent en amont de toute articulation langagière.

Si les principes de la phénoménologie et de la poésie sont similaires, du fait de cette exigence commune de revenir aux choses elles-mêmes dans l'immédiateté de leur état naissant et vif encore, pour capter cette dimension jaillissante du sens à même le sensible non encore conçu ni même perçu, force est de constater que les moyens de l'une comme de l'autre diffèrent radicalement. Il est juste de dire que, dans une discipline comme dans l'autre, l'accès à et la diction de l'immédiat exige un travail,

2 - *Cartesianische Meditationen, Hua* I, 1950, § 16, p. 77.

un effort qui rende l'apparaissant naissant moins immédiat qu'on ne le pensait de prime abord. La formalisation de ce travail est cependant tout autre en poésie et en phénoménologie. Celle-ci déploie une analytique nourrie par des distinctions et des médiations qui seules permettent de reconstituer le cheminement requis en vue d'une compréhension effective de cet immédiat apparaissant. Au contraire, la poésie inscrit d'emblée son effort spécifique pour saisir l'émergence native du sens à même le sensible dans le cadre d'un travail formel sur l'écriture et le mode de l'expression.

Or, si une telle distinction des moyens discursifs (analyse instauratrice de médiations, écriture comme artisanat de l'expression, du mot juste) est pertinente depuis la phénoménologie husserlienne, du moins dans sa version scientifique explicite du début, il se trouve que les inflexions heideggerienne puis merleau-pontienne dessinent un paysage sur ce point beaucoup plus flou sinon brouillé, qui est aussi celui, *mutatis mutandis*, des manuscrits tardifs du fondateur. C'est à partir de ces inflexions – et y compris de la relecture de Husserl qu'elles permettent – que le problème d'une écriture phénoménologique se pose avec acuité. Jusque là, on eût dit sans erreur : la seule écriture authentiquement phénoménologique est en fait la poésie, qui capte avec acuité, dans son attention au singulier, les micro-événements de notre vie, encore dépourvus d'un sens expresse, en leur conférant une forme expressive qui apparaît en total accord, en complète isomorphie avec l'expérience vécue.

A présent, le mimétisme poétique instauré par Heidegger puis Merleau-Ponty, à savoir le recours à la tautologie comme expression d'une rupture par rapport à la prédication analytique, l'usage des métaphores – on le verra au chapitre suivant –

comme autant de potentialisations de la pensée, tout cela pose la question de la difficile et fragile autonomie du poétique par rapport au phénoménologique. Que reste-t-il à la poésie si, par delà la thématique du monde et de ses horizons, qu'elle fait sienne tout en la métamorphosant dans son inventivité langagière propre, la phénoménologie prétend également se situer sur le terrain de l'écriture, celui qu'occupe et qu'a toujours occupé de façon privilégiée et insigne la poésie ?

Cette question se pose par exemple de façon éclatante à la lecture de l'oeuvre poétique de J. Garelli, à la fois poète et phénoménologue [3]. Le savoir immanent qu'à la poésie d'elle-même est ici directement issu de l'élaboration phénoménologique du philosophe, qu'elle soit la sienne propre ou bien le fruit de sa lecture des autres phénoménologues, Sartre, Merleau-Ponty, ou bien, plus récemment, M. Richir. Il y a là un processus général de vases communicants, et la communication y apparaît anti-symétrique, dans la mesure où la poésie se trouve innervée et ressaisie à partir de l'horizon phénoménologique, au même moment où la phénoménologie s'y trouve investie par le poétique.

Si l'on s'en tient ici au premier mode de communication, à savoir à la cristallisation, en la poésie, “du phénoménologique”, il est intéressant de voir que J. Garelli, dès 1966, année de la parution conjointe, au Mercure de France, d'un premier recueil

3 - Œuvres poétiques : *Brèches,* Paris, Mercure de France, 1966 ; *Les Dépossessions,* suivi de *Prendre appui,* Paris, Mercure de France, 1968 ; *Lieux Précaires,* Paris, Mercure de France, 1972 ; *L'Ubiquité d'être*, suivi de *Difficile séjour,* Paris, J. Corti, 1986 ; *Archives du silence*, suivi de *Récurrences du Songe,* Paris, J. Corti, 1989 ; *L'entrée en démesure* ; oeuvres philosophiques et essais : *La gravitation poétique*, Paris, Mercure de France, 1966 ; *Le recel et la dispersion*, Paris, Gallimard, 1978, *Artaud et la Question du Lieu,* Paris, Gallimard, 1982 ; *Le Temps des Signes,* Paris, Klincksieck, 1983 ; *Rythmes et mondes, Au revers de l'identité et de l'altérité,* Grenoble, J. Millon, 1991. Le dernier ouvrage, *L'entrée en démesure* (Paris, J. Corti, 1995), ménage deux temps, un pour chaque discipline. J'y reviendrai plus loin.

de poèmes, *Brèche*, et d'un premier traitement théorique de l'activité poétique, *La gravitation poétique*[4], inscrit son double propos sous le signe de "l'Être-au-monde" comme "champ préréflexif" de la constitution du "dire" ou de "l'écriture poétique". Après avoir renvoyé dos-à-dos la critique hégélienne de l'ineffable et la théorie de l'expression de Croce, J. Garelli repère dans les œuvres de Valéry et de Ponge, mais aussi de Sartre, de Beckett et de Genet, à travers sa qualification négative elle-même (le néant, l'immonde), une thématique du dévoilement du monde et de l'être dont la résonnance est explicitement heideggerienne. Insistant sur le "bougé" que l'acte poétique impose au langage par rapport à la distinction artificielle des mots et des choses, et ce, en référence expresse à Merleau-Ponty, l'auteur en vient à poser la question de ce qui revient alors à l'acte poétique : "Si l'on abandonne l'illusoire croyance au pouvoir d'adéquation du verbe à l'objet, que reste-t-il de l'acte poétique ? Très peu de chose. Et pourtant ceci : le témoignage humble, mais irréfutable que la fleur mugit et que les eaux sombrent." Et peu avant : "Nul message dans la voix du poète, nulle force implacable de démonstration. Mais au sein du langage, l'irruption sauvage d'une brèche d'où coule l'inépuisable hémorragie des mots truqués, tronqués, auxquels la sagesse humaine cherche obstinément à conférer un sens ![5]" Cette inspiration, prise dans une ontologie heideggerienne du monde traversée par l'élément brut et sauvage qu'est la chair merleau-pontienne, trouve on le voit à s'inscrire dans la forme même des poèmes de J. Garelli, hantés par le néant et l'exténuation du sens. *Brèche* : le titre de ces poèmes, appelé par la dernière phrase de *La gravitation poétique,*

4 - J. Garelli, *Brèche,* poèmes, *op. cit.* ; *La gravitation poétique, op. cit.*

5 - *La gravitation poétique, op. cit.,* p. 212-213.

s'ouvre sur le thème de l'abîme du sens et de la fracture du monde.

Bref, la difficulté à laquelle on est alors confronté est celle du passage des deux genres l'un en l'autre, du transbordement permanent de l'un dans l'autre, au point que thématique et écriture finissent par converger jusqu'à ne plus nécessiter de distinction de registre. C'est ce qui apparaissait dès le livre de 1966 : "la fleur mugit, les eaux sombrent", "l'irruption sauvage d'une brèche, l'hémorragie des mots". L'évocation de l'acte poétique y donnait déjà lieu à un débordement d'images qui contrastait avec le propos théorique de l'ouvrage. On peut dire que, dans l'avant-dernier livre, *Rythmes et mondes*[6], qui reprend à son compte dans son titre une idée présente dès 1966 : "l'image poétique comme expression sonore du temps se faisant", cette tendance s'est encore accentuée. Par delà l'élargissement de son champ d'investigation, puisqu'il ne s'agit plus seulement de la poésie seule, mais de l'art en général, et bien qu'il continue à privilégier Rimbaud, Verlaine ou Ponge, J. Garelli s'efforce à une description patiente du surgissement du monde à même les événements les plus anodins. Il procède à un examen du mode d'être pré-individuel des choses qui passe par l'adoption d'une langue riche en métaphores, empruntée à une prose phénoménologique qui abonde en images concrètes, lesquelles font précisément office de quasi-concepts. Qui signifie cette osmose de l'image et du concept ?

L'entrée en démesure, le recueil le plus récent de l'auteur, pousse la symbiose à ses limites en présentant un poème "L'entrée en démesure", auquel fait suite dans un second temps son explicitation phénoménologique. Placé sous le signe du Néant,

6 - *Rythmes et Mondes, Au revers de l'identité et de l'altérité, op. cit.*

avec des exergues au Sophiste et à Lao-Tseu, qui soulignent cette intrication, le poème invoque "l'effacement progressif des marques, des effigies, des simulacres et des noms"[7]. De fait, il se déploie à la manière d'une longue prose, où se succèdent des paragraphes au volume irrégulier, parfois entrecoupés de blancs, parfois rassemblés sous un chiffre, où des mots abstraits (Individu, Être, Même, Autre) viennent ponctuer, rythmer un discours portant la marque des faits les plus quotidiens. Dans ce poème, ce que cherche manifestement J. Garelli, c'est à mettre en œuvre l'informe lui-même, à lui conférer la forme qui lui revient. Il s'agit là d'un pari extrême, dont le caractère-limite est à la mesure de la difficulté de la question.

2. Autrui, une apparition indirecte, le divin, une transfiguration de l'apparaître

Depuis plus d'une dizaine d'années, J.-L. Chrétien mène une quête intime située au confluent de la poésie et de la phénoménologie[8]. Ce qui frappe d'emblée dans cette œuvre double, c'est l'indistinction, au regard des titres choisis, dans laquelle s'est installé l'auteur. Ainsi *Lueur du secret*, si l'on considère son seul titre, pourrait tout à fait passer pour un recueil de poèmes, et *Traversées de l'imminence* pour un traité de phénoménologie ;

7 - *Op. cit.*, p. 11.
8 - Œuvre poétique : *Traversées de l'imminence,* Paris, L'Herne, 1989 ; *Loin des premiers fleuves,* Paris, La Différence, 1990 ; *Parmi les eaux violentes,* Paris, Mercure de France, 1993 ; *Entre flèche et cri*, Paris, Obsidiane, 1998 ; œuvre philosophique : *Lueur du secret,* Paris, L'Herne, 1985 ; *l'Effroi du beau,* Paris, Cerf, 1987 ; *l'Antiphonaire de la nuit,* Paris, L'Herne, 1989 ; *La voie nue, Phénoménologie de la promesse,* Paris, Minuit, 1990 ; *L'inoubliable et l'inespéré,* Paris, Desclée de Brouwer, 1991 ; *L'appel et la réponse,* Paris, Minuit, 1993 ; *L'arche de la parole*, Paris, PUF, Epiméthée, 1998.

de même pour *l'Antiphonaire de la nuit*, *l'Effroi du beau* ou encore *L'inoubliable et l'inespéré. Loin des premiers fleuves* et *Parmi les eaux violentes* et *Entre flèche et cri,* du fait de la mise en exergue d'un lieu et d'un élémentaire pluriel, *La voie nue,* phénoménologie de la promesse, *L'appel et la réponse* et *L'arche de la parole,* en raison des catégories abstraites que ces titres contiennent, ménagent en revanche des seuils entre le poétique et le phénoménologique. À nouveau pourtant, la mention du participe passé "nue" pour qualifier la "voix" introduit une dimension synesthésique (où le visuel vient modifier l'auditif) qui nous situe d'emblée sur le plan d'une figure de rhétorique[9]. L'amorce d'une distinction des champs à la faveur des titres se voit ainsi relativement découragée.

J. Garelli, jusqu'à *L'entrée en démesure,* maintenait une certaine étanchéité entre les deux registres, du moins dans ses intitulés : *La gravitation poétique* indique un traité sur la poésie, *Rythmes et mondes, au revers de l'identité et de l'altérité,* un traité de phénoménologie, appelé par les catégories générales de l'identité et de l'altérité ; *Brèche*, poèmes, se signale à un double titre comme relevant du poétique, par son titre qui dénote un événement singulier, par la mention expresse du genre poétique : "poèmes".

J.-L. Chrétien au contraire souligne volontiers la fusion des deux genres, dont la thématique se révèle plus qu'unitaire, identique. Au fil conducteur d'une évocation répétée de l'altérité d'autrui et d'une pensée du don de soi dont l'horizon est expressément lévinassien, l'auteur explore les confins de la pensée, les figures de l'excès qui y trans-apparaissent, que ce soit le

9 - L'auteur s'en explique dans *L'appel et la réponse, op. cit.,* p. 11-12, en invoquant d'ailleurs Ponge à ce propos : "Il y a une voix visible", tout comme un "regard de telle sorte qu'on le parle", selon l'expression de Francis Ponge.

secret, la beauté effrayante, la nuit, l'inoubliable et l'immémorial, ou encore cet appel qui appelle expressément une réponse. On se situe là sur les bords d'une quête éthique qui jouxte et évoque sans cesse la spiritualité mystique. D'ailleurs, J.-L. Chrétien sollicite tout autant les poètes, les philosophes que les grands spirituels ou les écrits bibliques. On atteint là une forme extrême de coïncidence des gestes poétique et phénoménologique, sur le fond d'une unité qui s'affirme comme étant clairement d'ordre mystique, et ce, quoique les poèmes abordent des thèmes "profanes" alors que les écrits philosophiques thématisent expressément des expériences religieuses : il n'est que de penser à la "prière". C'est donc plus d'une méditation que d'une réflexion phénoménologique qu'il conviendrait de parler, de même que les poèmes offrent plus à lire une quête unitaire et structurée qu'une simple série d'évocations fugaces et fragiles.

Pourtant, lorsque l'on se penche sur les deux ouvrages de 1993, des poèmes d'une part, *Parmi les eaux violentes*, un essai philosophique d'autre part, *L'appel et la réponse*, on est frappé, à nouveau, par leur différence absolue de facture. Le premier livre, qui se désigne expressément, cette fois, comme "poèmes" se présente sous la forme de strophes plus ou moins longues (deux vers au minimum, seize au maximum), qui sont dénuées de majuscule, de ponctuation comme de rime.

Malgré les blancs entre les strophes, le vide irréductible laissé par l'instant même où l'on tourne la page, l'effet produit par cette absence d'élément formels qui accrochent le regard du lecteur, qui lui offrent les repères d'une structure formelle récurrente, aussi minimale soit-elle, l'effet de cette rythmique paradoxale donne une impression de grande continuité, comme si une seule et unique coulée verbale traversait tout le recueil. Par ailleurs, l'entrelacement, quasiment dans chaque poème, du je, du tu et du nous crée cette dynamique et ce relief que la recherche formelle avait annulée, et qui font de chaque micro-situation évoquée un événement vécu par le lecteur comme singulier dans l'instant même de la lecture. Le "tu" nous prend à parti, le "nous" nous requiert, le "je" nous identifie. On pourrait sans doute repérer ces (non-)dispositifs formels élémentaires dans beaucoup de poèmes aujourd'hui. Précisément, ceci est symptomatique du fait que cette "mise en forme" qui se nie elle-même est bien ce qui fait d'un poème un acte poétique singulier. En tout cas, quel que soit le retentissement – y compris formel – du poétique sur le phénoménologique qui s'en trouve "imprégné", l'inverse ne suscite pas de forme radicalement nouvelle. Le poète, tentant de restaurer une attention à l'autre qui soit une attention à son infinité, juste miroir de l'attention portée au divin, retrouve tout naturellement la forme ajustée à ce nouveau lyrisme tout de ténuité et de discrétion.

Pourquoi, cependant, n'a-t-on pas affaire à une forme décisivement nouvelle, comme purent l'être en leur temps le sonnet, le dizain, ou même le poème en prose ? Comment comprendre ce parti pris d'une forme qui s'efface d'elle-même, soit de "non-forme" ? Ce qui confère une rythmique, un relief à ces poèmes procède du jeu permanent des pronoms personnels : or un pronom personnel, c'est une réalité grammaticale qui, à la différence de la rime, pur vocable sonore, de la virgule, pur élément de rythme temporel, ou encore de la majuscule, marque formelle de mise en relief, est originairement investie en sens, sens de la proximité et de la familiarité (le tu) par rapport à l'anonymat et à l'éloignement (le il), sens de la communauté et du partage (le nous) par rapport à l'individualité et à la solitude (le je)[10]. En privilégiant ce jeu des pronoms par rapport à tout autre accent strictement formel, J.-L. Chrétien cherche à créer une isomorphie originaire du poétique et du phénoménologique : la forme même du poème est phénoménologique au sens que l'auteur donne à ce qualificatif, à savoir au sens où elle est portée par une exigence éthique absolue dont le bord extrême est d'ordre mystique.

On pourrait alors objecter : qu'y a-t-il dans ces poèmes de "phénoménologique", hormis une certaine thématique, soit de type éthique dans le cas de J.-L. Chrétien, soit ressortissant à une ontologie du monde pour ce qui est de J. Garelli ? Mais ce serait décréter que le phénoménologique n'est ni l'éthique, ni l'ontologique, ce qui est certes possible, mais n'est pas le fait de ces poètes qui se revendiquent bel et bien comme phénoménologues. On peut donc considérer que l'attribut "phénoménologique" recoupe des préoccupations relativement hétérogènes : en fonction du phénoménologue privilégié, on fondera la description des phénomènes et des événements sur une ontologie (Heidegger, Merleau-Ponty) ou sur une éthique (Lévinas). Pourtant, si le dénominateur commun reste le régime descriptif et l'attention portée aux choses elles-mêmes dès lors qu'elles apparaissent sous mon regard, on peut se demander si la poésie ne peut pas également reprendre à son compte cette exigence première, et ce, indépendamment de toute thèse, qu'elle soit ontologique ou éthique. L'empreinte phénoménologique de la poésie ne résiderait-elle pas de façon primordiale dans cette exigence ?

10 - *Cf.* E. Benvéniste, *Problèmes de linguistique générale*, Paris, Gallimard, 1966, 1, "La nature des pronoms", p. 251-257.

3. La description des choses elles-mêmes : Francis Ponge et Edmund Husserl

À cet égard, il est frappant de constater que c'est chez un poète des plus méfiants vis-à-vis de toute théorie, de toute idée générale, ignorant tout, par ailleurs, – ou presque – de la phénoménologie, que l'on trouve incarnée cette exigence descriptive et ce souci de l'apparaître des choses elles-mêmes, cette préséance, en tout cas, accordée aux objets dans leur mode singulier d'apparition.

Les phénoménologues-poètes mentionnés (J. Garelli, J.-L. Chrétien) caractérisent leur élaboration phénoménologique par une surabondance d'images destinées à dé-conceptualiser la dite élaboration, mais écrivent en poètes sous cette même exigence qui, *mutatis mutandis*, les désignent précisément de ce fait comme phénoménologues. En revanche, F. Ponge, poète sans prétention philosophique, voire hostile à la philosophie, s'avère être sans le savoir le plus phénoménologue de tous dans sa pratique d'une poésie considérée parfois comme indigente. Sartre a d'ailleurs salué en Ponge le premier poète "phénoménologue", et il n'est pas anodin que nos deux phénoménologues-poètes se réfèrent aussi tous deux à F. Ponge comme à une source non-scellée de leur propre quête[11]. Un tel retour aux sources a également pour vertu, par contrecoup, de libérer la phénoménologie de ses sédimentations ontologique et éthique, pour en mettre à nu l'originalité strictement phénoménale. À la différence de Garelli et de Chrétien, qui revendiquent explicitement l'héri-

11 - H. Maldiney a très tôt noté la résonnance phénoménologique profonde de l'œuvre de F. Ponge : *Le legs des choses dans l'œuvre de Francis Ponge*, Luasanne, l'Âge d'Homme, 1974 ; cf. aussi *Le vouloir dire de Francis Ponge*, La Versanne, Encre Marine, 1993.

tage heideggeriano-merleau-pontien pour l'un, l'ancrage lévinassien pour l'autre, on a affaire ici, avec Ponge et Husserl, à une conjonction dépourvue de toute réalité historique directe, et dont la seule médiation effective reste, outre l'accompagnement attentif de H. Maldiney, la figure de Sartre.

Contrairement à un romancier comme A. Robbe-Grillet qui, après quelque temps, finissait par reconnaître en Sartre un véritable inspirateur en matière d'hyper-réalisme descriptif, seul le "dégoût des idées" amène Ponge au goût conjoint pour les descriptions et les définitions et à la pratique implicite d'une réduction phénoménologique à l'égard de toute idée pré-conçue comme de toute préciosité verbale. La réduction on le sait est suspension vis-à-vis de toute présupposition, défection de toute thèse[12] : "Ne pourrait-on imaginer une sorte d'écrits (nouveaux) qui, se situant à peu près entre les deux genres (définition et description), emprunteraient au premier son infaillibilité, son indubitabilité, sa brièveté aussi, au second son respect de l'aspect sensoriel des choses..."[13] Or cette double exigence illustre pleinement le projet husserlien d'une approche scientifique (c'est-à-dire rigoureusement définitionnelle) d'une réalité sensible perçue en chair et en os. Plutôt que de donner "l'initiative aux mots", selon le mot d'ordre de Mallarmé, il importe de prendre le parti des choses, ou encore, comme dirait Husserl, de "revenir aux choses elles-mêmes" (*Zurück zu den Sachen selbst*), ces choses fussent-elles des objets de pensée[14].

12 - Remarquons que le poème "La guêpe", situé dans *La rage de l'expression,* Paris, Gallimard, 1976, est dédié à Jean-Paul Sartre et à Simone de Beauvoir.

13 - F. Ponge, *Méthodes,* Paris, Gallimard, 1961, p. 11-12.

14 - *Cf.* F. Ponge, *Le parti pris des choses*, Paris, Gallimard, 1942. *Cf.* aussi Appendice I ici même, "La question du langage chez Platon : une piste pour linguistes... et poètes", *Dilbilim* IX, Edebiyat Fakültesi Basimevi, Istanbul, 1990, p. 115-116.

L'ennemi commun reste le texte, nécessaire mais subordonné à l'épaisseur, à la qualité de surprise et de radicale nouveauté offertes par le monde des choses. Aussi y a-t-il pour Ponge une prégnance primordiale des "objets, des paysages, des événements, des personnes du monde extérieur, [...] dont la présence, l'évidence concrète, l'épaisseur, les trois dimensions, le côté palpable [sont dit-il] ma seule raison d'être, à proprement parler mon pré-texte [...]" ; de même, Husserl insiste quant à lui sur le caractère nécessairement anté-prédicatif du langage phénoménologique comme langage originairement perceptif.

Cette méfiance commune envers un langage forclos sur lui-même, cet attachement partagé à la référence objectale, se traduit toutefois chez chacun par l'inverse exact d'une mystique, au sens, du moins, d'une complaisance dans l'ineffable. Il y a chez chacun d'eux une "rage de l'expression" qui ne saurait se contenter de "'simples mots', c'est-à-dire d'une compréhension symbolique des mots" : "Des significations qui ne seraient vivifiées que par des intuitions lointaines et imprécises, inauthentiques, – si tant est que ce soit par des intuitions quelconques –, ne sauraient nous satisfaire. Nous voulons retourner aux 'choses elles-mêmes'"[15].

Lestée par l'intuition incarnée de la chose ou bien gonflée de l'épaisseur du réel, l'écriture, le texte lui-même deviennent alors un objet verbal à trois dimensions que l'on ne peut percevoir que par ses profils, et que l'on ne saurait par conséquent épuiser. Ce que F. Ponge a expressément formulé à propos de la réalité chosique inépuisable du texte, on peut dire que Husserl, on l'a vu, l'a pratiqué dans ses manuscrits de recherche, manuscrits dont la sinuosité et les enchevêtrements

15 - F. Ponge, *La rage de l'expression, op. cit.* ; E. Husserl, *Recherches logiques,* II/1, Paris, P.U.F., 1969, p. 6.

dessinent des configurations verbales à la mesure de la réalité infinie des apparitions qu'il cherche à capter.

Pourtant, cette tendance cratyliste reste une tendance, dans la mesure où la chose décrite excède toujours son expression langagière. Demeure une transcendance du monde sur ce que l'on peut en dire : "Que rien désormais ne me fasse revenir de ma détermination : ne sacrifier jamais l'objet de mon étude à la mise en valeur de quelque trouvaille verbale que j'aurai faite à son propos, ni à l'arrangement en poème de plusieurs de ces trouvailles. En revenir toujours à l'objet lui-même, à ce qu'il a de brut, de *différent* : différent en particulier de ce que j'ai déjà (à ce moment) écrit de lui. Que mon travail soit celui d'une rectification continuelle de mon expression (sans souci *a priori* de la forme de cette expression) en faveur de l'objet brut"[16]. On croirait lire du Husserl.

Et la convergence va encore plus loin : le phénoménologue et le poète sont tous deux animés d'un souci tel de faire droit, de rendre justice aux choses qu'ils n'hésitent pas, chacun à leur manière, à multiplier les variations ou les variantes, de façon à inscrire à chaque fois quelque chose de différent de chaque objet. Ponge crée dans *La rage de l'expression* par des variantes infinies un "abcès poétique", pour le dégonfler immédiatement par après, en disant : "Tout cela n'est pas sérieux. Qu'ai-je gagné pendant ces quinze pages et ces dix pages ? Pas grand chose."[17] ; Husserl multiplie les descriptions du stylo avec lequel il écrit, pour déclarer après dix pages que tout cela est largement insuffisant et insatisfaisant. A ces variations renouvelées sur le même objet correspond un parti pris commun de "zig-zag", à titre de

16 - F. Ponge, *La rage de l'expression, op. cit.*, p. 9.

17 - *Op. cit.*, "Formation d'un abcès poétique", "Tout cela n'est pas sérieux", p. 142.

moyen de description sur plusieurs registres et d'alternance de ces différents registres dans la forme discursive [18].

Cette dé-multiplication stratifiée des facettes descriptives donne lieu, en dernière instance, à un objet qui est lui-même cette série d'apparitions indéfinies, transcrites dans chaque description. La question est alors : jusqu'où doit aller la stylisation de la description ? À se contenter de quelques notations denses, celles, par exemple, des "Quatre fascinants" de Char dans *Les matinaux,* on frôle la préciosité et, par conséquent, l'idéalisation de l'expérience ; à faire proliférer les détails et les anecdotes, on se condamne à l'absence de relief, c'est-à-dire à la non-lisibilité. La description pongienne de la guêpe ou de la crevette, description "sous toutes ses coutures" ou encore "dans tous ses états" tente de conjurer les deux risques, mais en privilégiant une exemplification plus qu'abondante. En revanche, et par delà un souci commun de la concrétude charnelle de la chose, l'exemplification demeure chez le phénoménologue plus que lacunaire, voire strictement illustrative, tandis qu'elle forme le terreau d'expressivité du poète. Husserl stylise et exemplarise la description pour éviter que le sens de la description ne se perde dans des circonvolutions et des détails jugés inutiles. Chacun à sa manière et dans des registres formels distincts quoique convergents, ils explorent les potentialités de la langue, sur le fond d'une conviction commune : celle du pouvoir originairement pré-expressif des choses.

18 - *Op. cit.*, "La guêpe", p. 27 : "Il se trouvera bien quelque critique un jour ou l'autre assez pénétrant pour DÉNONCER l'allure *saccadée* de ces notes, leur présentation désordonnée, en zigzags" ; E. Husserl, *Recherches logiques,* II, 17 : "La recherche se meut en quelque sorte en zig zag" ; *cf.* aussi *Krisis, Hua VI,* § 9, 1), p. 59.

4. Yves Bonnefoy et Edmund Husserl : un souci commun de l'émergence sensible du sens

Si l'on est tout à fait fondé, sur le plan strictement descriptif de l'expérience sensible, à témoigner de l'étonnante proximité entre le projet poétique de Ponge et la recherche phénoménologique de Husserl, on ne peut qu'être frappé, en revanche, par la communauté des inspirations du phénoménologue et du poète Yves Bonnefoy quant à la mise en pratique de l'expérience de la *genèse* sensible du sens. En d'autres termes, si la phénoménologie statique trouve plus qu'un écho dans la pratique pongienne de la description, la phénoménologie génétique s'offre des ressources indéniables d'écriture en se confrontant à l'acte poétique que déploie Y. Bonnefoy.

La résonnance des deux projets se situe sur deux plans corrélatifs : 1) d'un point de vue théorique, le poète et le phénoménologue sont tous deux plus que méfiants à l'égard de toute construction qui ne livrerait pas une qualité d'intuition de l'expérience sensible à fleur de sens ; 2) quant au plan de la pratique en acte de l'écriture, poétique pour l'un, transcendantale pour l'autre, l'un comme l'autre sont extrêmement attentifs à ménager l'impulsion génétique du sens à même la sensorialité kinesthésique.

Concernant le premier point, Husserl ne cesse de dénoncer les contructions mythiques de concepts, on l'a amplement illustré. Il promeut un style d'analyses où la description se déploie à partir de la perception et de la sensation d'objets ressaisis comme vécus à et par la conscience, puis, sur le mode de variations imaginaires toujours enracinées dans l'expérience sensible ; Bonnefoy s'en prend aux concepts qui, dit-il en substance, dénotent un profond refus de la mort[19] ; il récuse le "monde-image" et, plus généralement, les images qui tout à la fois fascinent et font écran au réel[20]. Il s'avère assez parcimonieux dans l'utilisation de celles-ci, notamment afin que l'on ne se retrouve pas pris au piège de leur pouvoir insidieux.

A propos de la dimension *génétique* de l'expérience, ainsi que de la pratique de l'écriture qu'elle implique, il est manifeste que les deux praticiens sont hantés par la même quête de l'immédiateté de la donation du sens à même le sensible. Capter le moment d'émergence sensible du sens et de cristallisation de celui-ci dans le mot juste, telle est l'exigence de chacun. Pour l'un comme pour l'autre, le seul critère possible d'appréciation est l'intuition (l'absolue certitude) d'une coïncidence de l'expérience vécue et de l'expression verbale qui lui correspond. Il y faut un travail, une discipline d'attention, puis une qualité de restitution de la dynamique même de surgissement du sens.

A l'évidence, les poèmes d'Y. Bonnefoy livrent à fleur de mots et comme en transparence une telle donation d'engendrement du sens, que ce soit *Douve, Pierre écrite, Hier régnant dé-*

19 - Comment résister à la force de ce réquisitoire contre le concept, qui touche celui-là même qui, parmi les phénoménologues, l'a le premier dénoncé avec le plus de virulence à notre époque contemporaine, Heidegger ? "Sans doute le concept, cet instrument presque unique de notre philosophie, est-il dans tous les sujets qu'elle se donne un profond refus de la mort. Je tiens pour évident qu'il est toujours une fuite. Parce qu'on meurt dans ce monde et pour nier le destin l'homme a bâti de concepts cette demeure logique, où les seuls principes qui vaillent sont de permanence et d'identité. Demeure faite de mots, mais éternelle. Socrate y meurt sans trop d'angoisse. C'est encore dans cet abri qu'Heidegger médite et si j'admire dans ses écrits cette mort décisive, qui vivifie le temps, oriente l'être, c'est sans autre adhésion qu'esthétique ou intellectuelle : car tout enfin s'y résoud. Un objet de pensée qui n'est plus l'objet réel, apaisant d'un douteux savoir l'inquiétude originelle, frappe de vanité cette mélodie la plus sombre de mots qui masquent la mort." ("Les tombeaux de Ravenne", in *L'improbable et autres essais*, Paris, Gallimard, Idées, 1983, p. 13-14.)

20 - *Cf.* la leçon inaugurale au Collège de France, intitulé *La présence et l'image, op. cit.* Sur un mode structural analogue, J-L. Marion procède dans *L'idole et la distance* à une critique de l'hypertophie de l'image entendue comme "idole".

sert ou *Dans le leurre du seuil*, ou encore *Début et fin de la neige* plus récemment, pour n'en citer que certains parmi les plus marquants. Face au prestige – et surtout à la qualité de concrétude et d'authenticité – que détient une telle poésie, on pourrait douter que le phénoménologue parvienne à capter une telle fraîcheur et une telle intensité d'expérience.

On a vu que Husserl y réussit de temps à autre, dans les textes les plus exemplifiés d'une part, où le critère du remplissement intuitif de l'expérience est le plus à l'œuvre[21], dans les manuscrits tardifs, d'autre part, où l'écriture se cherche et ne s'avance que lorsqu'elle bénéficie de fait d'un tel remplissement intuitif : un mode de temporalisation qui prend la forme d'une auto-antécédance de l'écrire sur le sens se fait alors jour dans le mode d'écriture lui-même, comme si Husserl s'efforçait d'engendrer le sens au fur et à mesure qu'il écrit, avec cette sorte de pressentiment incessant d'une imminence d'un sens qui reste pourtant à chaque fois à (re)conquérir dans l'acte d'écrire.

De cette mise à l'épreuve essentielle de la phénoménologie par la poésie, que peut-on retenir qui nous permette d'avancer dans la recherche d'une détermination de critères prégnants d'appréhension d'une écriture phénoménologique ?

Une première remarque touche à la nécessaire distinction des moyens mis en œuvre en poésie et en phénoménologie. Il serait vain – ou périlleux – de tenter d'opérer là une fusion. Chacune s'y avèrerait perdante, lors même que l'on cherche

21 - A cet égard, le plus bel exemple d'exemplification abondante et motrice de la description de l'expérience reste sans conteste les *Analysen zur passiven Synthesis, Hua* XI, Den Haag, M. Nijhoff, 1966, trad. fr. par B. Bégout, N. Depraz et J. Kessler, Introduction par les deux premiers, Grenoble, J. Millon, 1998.

bien au contraire à féconder l'une par l'autre. Ce qui ressort de cette confrontation, c'est qu'une poésie elle-même avertie de son enflure romantique potentielle, c'est-à-dire dépositaire d'un souci critique à l'égard de son propre mode d'expression, peut convier la phénoménologie à se montrer plus attentive encore au déploiement concret de son régime descriptif propre. Si la description est bien l'élément de cristallisation premier de la démarche phénoménologique, une écriture sera phénoménologique dès lors qu'elle prendra au sérieux une telle requête descriptive en apportant tout son soin à sa mise en œuvre concrète. Ce qui suppose, très précisément, d'être attentif au rythme de la description, c'est-à-dire à son mode de temporalisation, mais aussi, corrélativement, à sa teneur en singularité, c'est-à-dire à la qualité des exemples choisis, à leur motivation, à leur mode de déploiement réglé.

Nos critères d'appréciation de la teneur phénoménologique d'une écriture gagnent en précision : 1) temporalité et 2) singularité sensible, incarnés dans un rythme et un rapport concerté aux exemples paraissent à mesure s'imposer. La mise en perspective des projets sartrien et merleau-pontien, puis des démarches lévinassienne et henrienne sous ce rapport devrait nous aider à préciser ces deux points.

Chapitre V

QU'EST-CE QU'UNE "MÉTAPHORE PHILOSOPHIQUE" ? – DE L'ABANDON DE L'OPPOSITION ENTRE CONCEPT ET IMAGE

PLUTÔT QUE de s'intéresser aux déclarations explicites de Husserl sur le langage (ce qu'il est, ce qu'il doit être), on s'est s'efforcé d'observer à même sa pratique de l'écriture s'il existe des critère possibles de définition d'une écriture transcendantale.

Par ailleurs, l'examen croisé d'une écriture poétique investie d'une teneur philosophique et d'une écriture philosophique innervée par le *poiein* a déjoué l'affirmation rigide de l'identité unitaire d'une écriture phénoménologique, et fait apparaître en toute lumière les difficultés auxquelles s'exposent les phénoménologues qui investissent la poésie. Il a aussi révélé quelles ressources la phénoménologie husserlienne, statique ou génétique, peut puiser chez certains poètes. La question est à présent : une telle écriture est-elle unifiable sous une détermination commune ou requiert-elle de façon constitutive une pluralité native ?

On va chercher à répondre à cette question en confrontant les projets phénoménologiques respectifs de J.-P. Sartre et de M. Merleau-Ponty, puis, au chapitre suivant, ceux de M. Henry et de E. Levinas, et ce, à la lueur du régime spécifique d'expression qui est le leur.

1. Une configuration généalogique bifide de l'écriture phénoménologique : intuitivité et métaphoricité

L'intitulé renferme à tout le moins trois présuppositions : 1) qu'il y a bien quelque chose comme une écriture "phénoménologique", plus spécifiée que ne le serait une écriture dite seulement philosophique, et que l'on pourrait distinguer voire opposer à une écriture strictement argumentative, ou encore à une écriture purement dialectique ; en ce sens, parler d'écriture, ce sera privilégier *l'acte d'écrire et le mode de discursivité qui en ressort*, plutôt que l'éventuelle théorie du langage que tel ou tel a pu par ailleurs développer, en partant de l'idée qu'il n'y a pas nécessairement coïncidence (même si cela peut parfois être le cas) entre la pratique discursive d'un philosophe et ses énoncés explicites sur le langage. En tout cas, on ne présumera pas d'une telle adéquation, mais on interrogera avant toute chose le mode d'écriture effectif, sans essayer ici de le relier ou bien de le mettre en contradiction avec des énoncés thématiques ; 2) que cette écriture peut être circonscrite à l'aide de critères précis, internes à la phénoménologie elle-même car dépendants de sa méthodologie, sans qu'ils aient pour autant été nécessairement énoncés sous cette forme par les auteurs en question ; 3) qu'il n'y a sans doute pas unification possible d'une telle écriture sous un seul et unique registre expressif, que ce soit d'un auteur à l'autre, mais aussi, plus encore, chez un seul et même auteur. Par delà la catégorie trop subjective de "style", il s'agirait plutôt de repérer des tendances discursives, par principe plurielles, y compris chez un philosophe donné (même si cette pluralité, par exemple, laisse apparaître une fondamentale et des harmoniques), qui donne lieu à des critères possibles de détermination de la qualité phénoménologique d'une écriture.

Sans prétendre à l'exhaustivité, on voudrait tenter pour l'instant de dégager une critériologie biface qui fournisse un premier principe possible de structuration des divers modes d'écriture à l'œuvre en phénoménologie, sous le rapport, ici, de sa teneur en singularité, c'est-à-dire en exemplarité. Il ne s'agit de rien de moins que du couple intuition/métaphore. On évitera donc de rentrer à présent à nouveau dans le débat complexe du statut problématique du langage chez Husserl (lisible dans l'ambiguïté qui apparaît entre ses déclarations théoriques explicites et sa pratique discursive tardive), ou encore dans la question du rôle pensant de la parole poétique chez Heidegger, ni non plus, d'ailleurs, dans le problème de la promotion du thème de l'écriture par J. Derrida. Néanmoins, il est clair que ces divers horizons phénoménologiques sous-tendent également, à des titres spécifiques, le présent propos. Du reste, il apparaîtra aisément, au fil du parcours, comment l'une des faces de la critériologie en question est susceptible, à l'évidence, d'emprunter à l'héritage husserlien – du moins dans sa dimension théorique thématique –, tandis que l'autre puiserait plutôt à certaines ressources heideggeriennes, quitte, d'ailleurs, à en inverser la teneur explicite ; Quant à la pensée de J. Derrida, elle forme le lieu, ici sous-jacent et pré-supposé, où se (con)fondent peut-être ces deux formes de pratiques de l'écriture en phénoménologie. On n'hésitera donc pas à faire appel à certains éléments issus de l'une ou de l'autre pour éclairer le statut non-unifié de l'écriture dans la phénoménologie française et en particulier, dans les cas contrastés, ici esquissés, de Sartre et de Merleau-Ponty.

On fera tout d'abord l'hypothèse d'une généalogie de l'écriture phénoménologique que l'on dira "bifide", et qui situerait d'un côté M. Merleau-Ponty et E. Levinas, de l'autre, J.-P. Sartre et M. Henry. Ces deux filiations entrent en discussion sur plusieurs points : 1. Le statut du système ; 2. Le type de rhétorique utilisée ; 3. La référence à un genre littéraire ; 4. Le risque philosophique qui en résulte.

1. Le statut du système : alors que les premiers énoncent expressément leur refus de toute construction et s'efforcent à des descriptions qui sont censées rendre compte de l'expérience et d'elle seule, les seconds revendiquent la nécessité d'une construction systématique et pratiquent délibérément une écriture argumentative que l'on pourrait dire " bouclée ", au sens où elle maintient l'exigence première d'une logique articulée en raisonnements enchaînés. Ce n'est pas à dire que les premiers n'argumentent pas, ni que les seconds ne décrivent pas. Les premiers tombent sous le coup de la critique récurrente de l'illusion d'une absence totale de construction, les seconds sous celle de la naïveté d'une totalisation possible de l'expérience.

2. Le type de rhétorique usitée[1] : épouser au plus près l'expérience, capter son cours sinueux, produire une discursivité qui se situe à même les choses, tout cela exige un effort maximal que l'on peut dire "mimétique", sinon pour faire coïncider, du moins pour allier l'écriture et les choses. En usant d'expressions figurées, littéralement, de "figures" ou de "tropes", ou bien en pliant la syntaxe à l'exigence du réel mouvant et temporalisé, on tâche d'ajointer le plus possible l'idéel à celui-ci : ce faisant, on n'est pas loin, *grosso modo*, d'une forme moderne de cratylisme ; partant en revanche du principe selon lequel le langage *n'est pas* la réalité des choses mais déploie sa symbolique propre, ou encore conserve son autonomie, on pratique une écriture critique, où l'argumentation tient lieu de symbolicité. En se refusant à tout mimétisme, considéré par principe comme ressortissant du pouvoir d'illusion inhérent au langage, on traque les images résiduelles qui risqueraient de réintroduire la "réalité brute" de façon non-contrôlée, c'est-à-dire subreptice. Pourtant, on sait bien que ce que l'on chasse par la porte...

3. La référence à un genre littéraire : les premiers auteurs ne

1 - Sans méconnaître la complexité et la longue histoire de ce concept où s'oppose la rhétorique ancienne (Aristote) qui privilégie l'ensemble du discours, et la rhétorique plus lexicale, tropique de Dumarsais (*cf.* A.-E. Chaignet, *La Rhétorique et son histoire*, Paris, Wieveg, 1888), nous reprenons à notre compte, à titre d'outil exemplaire et quasi-unique de travail, l'acception de la rhétorique que systématise P. Fontanier dans ses *Figures du discours, op. cit.* Nous y avons déjà fait appel, et y recourrons encore. D'après Genette, l'introducteur de l'édition des *Figures du discours,* Fontanier se situe à mi-distance entre ces deux options. Notre souci descriptif, monstratif plus qu'argumentatif ou démonstratif, nous situe loin de la préoccupation de la rhétorique inspirée par Aristote. On verra que Sartre et M. Henry, pourtant, n'y échappent pas totalement ; si nous relevons certaines "figures" dans les écritures des phénoménologues, ce n'est pas non plus pour nous obnubiler sur elles seules, comme Merleau-Ponty ou Levinas pourraient nous y inviter, dans la mesure où le rythme, la dynamique temporelle de la phrase forme à côté de la monstration intuitive un critère déterminant d'une écriture, oserions-nous dire d'une "rhétorique" phénoménologique. A propos de la "rhétorique philosophique", *cf.* aussi G. G. Granger, *Pour la connaissance philosophique*, Paris, O. Jacob, 1988, p. 203-209.

pratiquent qu'une seule forme d'écriture, qui se manifeste dans des textes de statut philosophique. Ceux-ci sont portés par une "veine poétique" dont il conviendra d'apprécier plus avant le sens et la teneur, sens et teneur en tout état de cause plus ou moins explicitement revendiqués par chacun. Le genre littéraire qui sous-tend leur pratique philosophique, la poésie, apparaît, dans le prolongement du geste heideggerien, comme le lieu possible d'une dé-conceptualisation de la philosophie, qui serait la seule garante de sa vitalité, voire de sa vie, de sa perpétuation ; les seconds scindent en deux leur activité d'écrivants, et livrent d'un côté des textes philosophiques, de l'autre, le plus souvent, des narrations. Celles-ci, construites sur le principe de l'opposition de la fiction et du réel, sont la forme transposée de la distinction revendiquée et mentionnée plus haut, entre langage et réalité.

4. Le risque philosophique encouru par cette dualisation de la pratique écrivante est la revendication d'une transparence absolue du texte philosophique ; inversement, l'unité d'écriture peut parfois avoir pour effet un certain tour suggestif, voire une séduction ou une fascination exercée par la forme sur le lecteur.

Si l'on tâche pour conclure cette première mise en perspective de cerner ce qui rapproche et oppose ces auteurs, il apparaît que J.-P. Sartre et M. Merleau-Ponty sont tous deux hantés par le souci de descriptions concrètes, alors que E. Levinas et M. Henry sont portés à une forme d'absolutisation d'une intuition initiale, absolutisation n'est pas sans faire ressurgir une tentation métaphysique naïve ; les premiers s'opposeront sur le problème du statut ultime à accorder, après la critique de toutes ses formes naïves, à la dualité, alors que les seconds se séparent sur la question de l'altérité, première pour l'un, impensable pour l'autre.

2. Souci de la distinction et intuitivité

Laissant pour l'instant de côté, dans ce chapitre, la confrontation entre E. Levinas et M. Henry, on se centrera sur les contrastes et les convergences, sous le rapport de l'écriture, entre les auteurs de *L'être et le néant* et du *Visible et l'invisible*. La question qui se pose dans un premier temps est de savoir quel type de traitement formel l'un et l'autre font des descriptions qu'ils proposent à la réflexion du lecteur. Celles-ci sont concrètes en effet, parce qu'elles résultent en premier lieu d'une exigence assumée d'abondance dans l'exemplification.

A la différence de Husserl, pour qui l'exemple n'est bien souvent qu'un *prétexte* à des analyses extrêmement fouillées des différents actes (perceptifs, remémorants, imaginatifs, empathiques) de la conscience, lesquelles ne tirent pas leur force analytique et véritative d'un exemple qui n'en est au fond que le support dérivé et illustratif, il est vrai que les deux phénoménologues font un usage des exemples qui va parfois jusqu'à les rendre à leur fonction motrice de potentialisation de la pensée. L'exemplification n'y est pas seulement l'illustration dérivée d'une analyse forgeant *a priori* ses catégories de pensée, mais la manifestation d'un sens inaugural et neuf qui se présente comme une nouvelle potentialité pour la pensée. En effet, la concrétude descriptive est à ce prix, et c'est bien de prix qu'il s'agit, car la pensée se trouve dès lors engagée sur des chemins d'expérience dont elle n'avait pas forcément par avance décidée. Faire un usage moteur de l'exemple laisse découvrir de l'inédit, de l'inattendu dans la pensée, mais c'est aussi ce qui peut conduire à une impasse cette même pensée, si, du moins, elle ne dispose pas des moyens conceptuels appropriés en vue de la structuration catégoriale du bouillonnement expérientiel initial.

Quel sera, alors, le ou les critères de la qualité descriptive de l'expérience ? La description phénoménologique n'est pas, comme dans les sciences d'observation, l'énumération sommative et successive, même ordonnée et construite, de traits spécifiques de l'objet, mais l'explicitation de sa structure donnée, sensible, perceptive, affective, et tout autant, conjointement, idéelle. Disons-le d'un mot pour l'heure : selon que l'on privilégiera, dans la mise en œuvre de la description, l'intuitivité ou la métaphoricité, on insistera sur un critère plus notionnel ou plus formel. Non que l'on puisse trancher pour qualifier l'écriture merleau-pontienne de "métaphorique" et l'écriture sartrienne d'"intuitive". Toutes deux sont, chacune à leur manière, à la fois l'une et l'autre. Il s'agira plutôt d'examiner chez chacun le fonctionnement de ces qualités métaphorique et intuitive d'écriture, ainsi que les procédures de contrôle que les philosophes ont (ou non) instaurées concernant l'usage de la métaphoricité et la vérification intuitive de l'expérience mise en œuvre.

Reste, avant d'en venir à un examen de chacune de ces écritures sur la base de quelques passages précis, à relever deux objections possibles. La première concerne encore le choix du terme même d'écriture, plutôt que de ceux de style, de texte ou, plus encore, de parole, pour analyser ces œuvres. Si style et texte s'opposent comme la fluidité individuelle à la structure objective, ils renvoient à des déterminations soit trop subjectives[2], soit trop rigides et enfermantes (dans la continuité des travaux structuraux qui se sont déployés depuis R. Barthes et au delà) ; si "parole", malgré son inscription naturelle dans un cadre merleau-pontien, ne nous a pas non plus convaincu, c'est que notre enquête concerne plus les procédures de discursivité, et donc l'écrit, que la teneur vivante, et également instantanée de la parole. C'est donc un souci premièrement formel – voire linguiste – qui préside au choix du terme. Ecriture se confond pour ainsi dire ici avec "procédures discursives" (nous ne dirons pas "stratégies", car rien n'indique qu'il y ait toujours là intention expresse de l'auteur), mais concerne tout autant le lexique que la syntaxe.

La seconde objection touche au choix des œuvres où sont puisés les extraits retenus. *L'être et le néant* et *Le visible et l'invisible* appartiennent à des périodes différentes : 1943 ; 1959-61, et l'on eût pu attendre un choix plus synchronisé qui eût fait place, plutôt, par exemple, à la *Phénoménologie de la perception* (1945). Cependant, les deux œuvres élues répondent toutes deux au critère de la maturité phénoménologique, à la différence du texte de 1945 ou bien des écrits sartriens des années 30. C'est pourquoi, il nous a paru nécessaire de faire entrer en résonnance, sur le plan de leur écriture propre, deux œuvres qui se caractérisent par une forme d'aboutissement philosophique.

Quoique l'auteur de *L'être et le néant* ait également été un dramaturge, un novelliste, un romancier et un critique de la litté-

2 - Aussi parle-t-on en phénoménologie du "style" d'un auteur comme de l'équivalent d'une posture, d'une attitude, d'une manière d'être et de parler. A propos du style, *cf.* G. G. Granger, *Essai d'une philosophie du style*, Paris, Colin, 1968, rééd. O. Jacob, 1988.

rature (et précisément, peut-être, à cause de cela même), on peut se demander si, dans ses textes philosophiques, son souci était encore littéraire, au sens général où il aurait été attentif au fait de “bien écrire”. De fait, la catégorie du “bien écrire” est loin d'aller de soi. S'agit-il du simple respect de la correction syntaxique et lexicale, d'une élégance que l'on dira classique, mais qui peut frôler la préciosité ou, à l'inverse, d'un brio qui aurait plutôt les atours du baroque ?[3] En tout état de cause, bien écrire implique une attention expresse portée à la forme de l'expression. Or le philosophe, concentré sur le sens et la vérité de ses propositions, sur leur enchaînement et leur rigueur interne, ne peut *au même moment* mobiliser son regard sur l'expression comme telle. Celle-ci, de fait, est mesurée dans son adéquation à l'aune de sa capacité à porter la vérité du discours philosophique, c'est-à-dire, ici, l'évidence intuitive d'une expérience décrite.

C'est donc que l'écriture philosophique et, en l'occurrence, l'écriture phénoménologique, est dotée d'une qualité propre : elle est mue par une exigence de vérité qui se subordonne un critère strictement esthétique d'appréciation, ou encore purement éthique. Pourtant, il convient immédiatement de nuancer une telle opposition entre vérité d'une part, beauté et bonté d'autre part, dans la mesure où elle reconduit un *topos* ancien, discutable dans l'horizon contemporain, notamment phénoménologique. Il n'en reste pas moins que le problème de fond posé par cette distinction est celui de la possible (ou impossible) double attention portée de façon co-occurrente au

3 - A propos de l'ambiguïté des qualificatifs de “classique” et de “baroque”, le plus bel exemple reste Descartes, dont P. A. Cahné montre fort bien qu'il est bien moins classique qu'on ne le pense (P. A. Cahné, *Un autre Descartes, Le philosophe et son langage*, Paris, Vrin, 1980).

sens vrai porté ici par l'intuition et à la forme expressive qui en est plus que le véhicule, le moteur. Si la forme expressive, motrice, est au service de l'intuition libérée par l'expérience vécue, elle reste subordonnée à cette qualité première d'intuitivité ; si la forme expressive devient la fin tendancielle de l'écrivant, la métaphoricité risque de prendre le dessus au point de jouer (parfois) pour elle-même, c'est-à-dire d'apparaître de temps à autre flottante, comme dés-arrimée par rapport à l'expérience concrète effective.

Toujours est-il que l'on peut partir de cette idée que, si "écriture phénoménologique" il y a chez Sartre, celle-ci trouve de façon dominante son effectivité dans la subordination de la forme expressive au critère de l'intuitivité de l'expérience prise comme fil conducteur de telle description donnée. A ce compte, ce ne serait pas, comme dans les manuscrits tardifs de Husserl, l'écriture qui serait purement motrice de la qualité intuitive de l'expérience de pensée, mais l'attention portée à la vérité phénoménologique de l'expérience (à l'évidence comme vécu de vérité, selon un titre de paragraphe des *Recherches logiques*) qui déciderait de la forme adoptée. Peut-on en conclure pour autant que l'écriture correspond à un organe, voire un instrument irréductiblement mondain qui sert de véhicule à une pensée située à hauteur, sinon toujours transcendantale, du moins relevant d'une ontologie phénoménologique ? Ce serait la conséquence logique de la soumission de l'expression formelle à la qualité intuitive de l'expérience, si l'on ne trouvait dans les textes des indices formels qui sont autant de révélateurs, à même l'écrit, d'une attention, au moins minimale, portée à la qualité de l'expression en tant que telle, ainsi qu'à ses réquisits propres.

Si l'on examine de plus près la manière dont se déploient

les phrases sartriennes[4], leur descriptivité, régie de part en part par une exemplification conductrice de l'analyse, est soutenue dans leur qualité intuitive par l'usage quasi-permanent de la première personne et, fort fréquemment, du singulier. L'utilisation du discours à la première personne du singulier ne laisse que peu de place, semble-t-il, à la généralisation et/ou à l'induction : elle souligne la singularité du cas de figure exposé. La concrétude qui en ressort est motrice de l'élucidation du problème philosophique posé. Il en va ainsi, ici, du statut de la négation, soit comme jugement négatif, soit comme intuition de l'absence. En outre, la récurrence du "je" confère une prégnance et une force de présence telles qu'elles vont jusqu'à fournir à la description comme une sorte de nécessité dotée d'universalité. Loin d'être le fruit d'une expérience subjective privée, la description à la première personne du singulier reçoit une qualité de vérité, une sorte d'apodicticité puisée dans la non-généralité même du propos et liée, d'ailleurs, à la certitude intérieure invincible dont est intimement dépositaire ce Je.

Qu'en est-il, pourtant, de l'écriture proprement dite ? Est-elle véritablement neutre à l'égard de tout souci rhétorique ? L'affirmer serait entériner une instrumentalisation absolue du fait d'écrire, qui relève plus du mythe ou de la déclaration d'intention (à la manière de Racine, déjà cité, disant dans sa Préface à *Bérénice* : "ma pièce est prête, je n'ai plus qu'à écrire") que de la réalité concrète de l'acte d'écrire. En effet, tout en étant au service de l'intuition, la rhétorique mise en oeuvre – car il y a

4 - *Cf. L'être et le néant*, Paris, Gallimard, 1943, p. 43-45 : l'extrait en question mobilise l'exemple de l'absence de Pierre au café, à titre de fil conducteur de l'analyse du primat de l'intuition perceptive du non-être (*alias* absence ou néant) sur le jugement négatif que je puis porter sur la situation.

bien rhétorique – la conduit à son accomplissement. Ainsi des interrogations et des guillemets – autant d'effets de réel – du début ; ainsi, vers la fin de l'extrait, de l'anaphore du présentatif "c'est", qui inscrit dans la forme l'insistance sur le voir intuitif ; ainsi de l'usage du nom propre "Pierre", dont la fonction est éminemment individualisante[5]. Plus encore, lexique et syntaxe portent ce désir absolu du "voir" en se pliant à ce dernier jusqu'à l'image et la distorsion.

Si, dans l'extrait retenu, on ne trouve que l'image résiduelle du "papillotement de néant", d'autres extraits[6] témoignent de ce passage à la limite que nous avons appelé "mimétisme", ou encore une forme moderne de "cratylisme". Ainsi de cette description étonnante de l'incarnation, de la chair, de la mienne comme de celle d'autrui, dans le cadre de l'analyse existentielle du désir, comme "empâtement" de la conscience dans le corps et, corrélativement, "engluement" du corps dans le monde : "la conscience s'enlise dans le corps qui s'enlise dans le monde"[7]. L'usage de ces trois termes à "connotation" dépréciative, dont le dernier vient reprendre génériquement et de façon répétée les deux premiers, est assumé jusqu'à la nomination : "Ainsi, dans le désir, il y a tentative d'incarnation de la conscience (c'est ce que nous appelions tout à l'heure empâtement de la conscience, conscience troublée, etc.) pour réaliser l'incarnation de l'autre[8]". On peut penser que la qualité dite connotative du lexique se fait dénotative dès lors que l'empâtement (ou l'enlisement) est, non

5 - *Cf.* E. Levinas, *Noms propres,* Fata Morgane, 1975 ; J.-Cl. Pariente, dans *Le langage et l'individuel* (Paris, Colin, 1973), parle des noms propres et des indicateurs (des déictiques) en termes d'"opérateurs d'individualisation".

6 - *L'être et le néant, op. cit.*, p. 439-443.

7 - *Op. cit.*, p. 442.

8 - *Op. cit.*, p. 441.

plus une qualité subjective, une variation extrinsèque, mais l'invariant substantiel de la relation décrite[9].

Alors, l'expression que l'on dira de prime abord "figurée", ou bien encore la dite image, devenant invariant de sens et non plus signification adjointe, remplit l'ancien rôle du concept, mais sans en retenir la neutralité, c'est-à-dire en en affirmant la dimension qualitative. N'est-ce pas là un exemple frappant du brouillage (de l'absence de pertinence) de la distinction entre l'image et le concept ? Nietzsche disait fort bien que tous nos concepts sont généalogiquement d'anciennes métaphores sédimentées, qui ont perdu leur vitalité. On a ici le cas inverse : la qualité lexicale dite anciennement simplement connotative vient affirmer son statut d'invariant originaire. Cependant, Sartre maintient la distinction entre les registres connotatif et dénotatif, au moment même où il persiste à "désigner" l'incarnation comme empâtement. Prudence ou recul devant l'avancée du langage ? L'usage est, en tout état de cause, thématisé.

Il en va de même de la syntaxe, pliée à la réalité qui se nomme, dans ce passage notamment, "facticité" : "Le désir est pareillement une modification radicale du Pour-soi puisque le Pour-soi se fait être sur un autre plan d'être, il se détermine à exister son corps différemment, à se faire empâter par la facticité"[10]. L'usage transitif direct du verbe *exister*, ainsi que l'emploi récurrent du *factitif* introduisent des "distorsions" syntaxiques destinées à rendre l'expérience de pensée au plus juste. Or, même si la norme est l'usage et non quelque principe posé au

9 - Je prends connotation et dénotation en un sens plus linguistique que logique ou strictement philosophique, même si je le réinvestis philosophiqment à l'aide du rapport qualité/substance ou variation/invariant.

10 - *Op. cit.*, p. 442.

préalable, force est de s'interroger sur la fécondité effective de telles modifications du rythme grammatical habituel, qui vont jusqu'à interrompre la dualité axiologique norme/anormalité, mais aussi, par là même, la distinction entre le concept et l'image. Inscrite dans le cadre d'une telle idée naïvement métaphysique de la distinction, la métaphore reste bien entendu, dès lors, à réinterroger autrement[11].

L'analyse de certains éléments de l'écriture sartrienne conduit par conséquent à remettre en cause, ou du moins à relativiser le cadre premier : il y a une rhétorique sartrienne ; il y a aussi une forme de cratylisme ; il y a, enfin, un certain souci d'écrire, qui passe par l'attention portée au rythme lexical et syntaxique des phrases. Il reste que l'intuitivité telle que nous l'avons présentée garde, à titre de critère premier, son rôle vecteur du sein même du processus de "métaphorisation". Qu'en sera-t-il chez Merleau-Ponty ?

3. *Métaphoricité et idéal de l'entrelacement*

On sait combien l'auteur de *La prose du monde* a été attentif, à la faveur de son ample réflexion sur la possibilité d'une phénoménologie du langage, à mettre en avant la force d'un langage des choses elles-mêmes. Refusant, comme déjà l'énonçait Hus-

11 - *Cf.* Heidegger, *Le principe de raison*, Paris, Gallimard, 1962, p. 126, et J. Derrida, de façon critique, *Marges*, Paris, Minuit, 1972, p. 259, n. 1. L'article de J. Dewitte, "Le visqueux et le printanier, sur l'ontologie sartrienne" (*Philosophie,* n°43, 1994, p. 22-44) gagnerait à se situer sur ce plan d'analyse. Il court le risque de tomber dans la démarche caricaturale (et contestable) de lecture d'un philosophe à partir de son seul régime "métaphorique", au sens connotatif (c'est-à-dire métaphysique) du terme, ce qui revient à manquer le sens précis du projet du philosophe en question.

serl, de "[se] contenter de 'simples mots', [...] de significations qui ne seraient vivifiées que par des intuitions lointaines et imprécises, inauthentiques"[12], Merleau-Ponty revendique pour la phénoménologie le langage, non seulement de la perception, mais, plus fondamentalement encore, du sentir lui-même.

A la différence de Sartre, on ne peut pas douter qu'il n'ait été sensible au plus haut point à cette exigence, en s'efforçant à tout moment de l'incarner dans sa pratique de l'écriture philosophique, et en allant même jusqu'à considérer, on le soulignait au début, que la philosophie, "expression de l'expérience muette par soi, est création", au point que, "l'Être *exige[ant] de nous création* pour que nous en ayons l'expérience", on fasse une analyse de la littérature comme "*inscription* de l'Être"[13]. Ira-t-on alors jusqu'à dire que, de façon inverse à ce dont on a fait initialement l'hypothèse pour Sartre, il ait été si soucieux de l'inscription formelle incarnée de son propos qu'il en aurait négligé la teneur de vérité ? Disons d'emblée qu'une telle alternative est impuissante à rendre compte de la qualité phénoménologique d'une écriture, tant elle maintient, en un geste caduque que l'on pourrait fort justement nommer avec Heidegger "métaphysique", la distinction duelle de la forme et du contenu.

Il y a une sensibilité au vrai *qui passe par* le soin porté à écrire, ainsi que par le tact employé dans la recherche d'une finesse de l'expression, et c'est bien ce qui caractérise Merleau-Ponty comme phénoménologue. Pourtant, il est clair que l'on ne peut *a contrario* confondre entièrement souci formel expressif et souci de pensée : comme nous disions, un des soucis

12 - *Recherches logiques,* II/1, Introduction, p. 6.

13 - *Le visible et l'invisible,* Paris, Gallimard, 1964, Note de travail probablement de juin 1959 : "philosophie et littérature", p. 250-251.

risque toujours de prendre le pas, y compris de façon subreptice, sur l'autre. Pratiquer dans ce contexte une double attention relève de l'idéal ou, en tout cas, demeure extrêmement rare. On entretient la plupart du temps l'illusion que l'on tient les deux ensemble, quitte à aller jusqu'à penser leur unité, lors même que l'intérêt moteur – qui nous demeure alors caché – reste bien soit formel, soit méditatif.

En d'autres termes, lorsque l'on écrit, il y a toujours un intérêt qui conduit l'autre : une sorte d'*épochè* spontanée – d'ailleurs salutaire, pragmatiquement nécessaire – s'opère, de façon à permettre à l'acte de se déployer. La question est : que privilégie le philosophe et, *a fortiori* pour nous, le phénoménologue ? Anciennement, on eût répondu que la pensée ou le sens guident la forme ou l'expression. Etant donné que notre réponse ne peut plus être strictement celle-là, on n'est pas loin, bien souvent, d'inverser la proposition. Une forme pensée, un sens expressif ne sont pas, en effet, "concevables". Merleau-Ponty ne maintient pas l'opposition (il la refuse, bien entendu), mais il récuse tout autant la coïncidence. Comment cette double exigence trouve-t-elle à s'enraciner dans son mode (ou ses modes) de discursivité ? L'approfondit-il jusqu'à la résoudre, mieux que la thématisation expresse du chiasme ou de l'hyper-dialectique ? Y rencontre-t-il des contradictions ?

Ces questions où s'obnubile la distinction entre sens et expression, pensée et forme, concept et image, nous entraînent directement vers le statut de la métaphoricité chez Merleau-Ponty. Sans prétendre pouvoir trancher ni être exhaustif sur ce point, qui exigerait sans doute des études plus approfondies[14], il est net

14 - *Cf.* par exemple l'article de S. Blanc, "Où est-on quand on pense ?", *Alter* n°4 : "Espace et imagination", Paris, Ed. Alter, 1996, p. 483-505.

que la position de ce dernier est plus complexe que celle de Heidegger, dans la mesure où, s'"il n'y a pas de métaphore", dit-il explicitement dans une note, la dite métaphore n'est pas seulement trop pauvre, et ce, parce qu'elle réintroduirait des modes naïfs et indus (objectifs) de spatialisation (de transposition) : elle est "à la fois trop et trop peu[15]". "Trop si l'invisible est vraiment invisible, trop peu s'il se prête à la transposition." Peut-on pourtant tenir cette déclaration pour un argument qui permettrait de refuser à l'écriture merleau-pontienne toute qualification positive en termes de métaphore ? Si l'on s'attache à redonner à la métaphore le statut d'un "langage indirect", comme le dit ce texte dédié à Sartre, exprimant un sens en l'absence du mot qui en est le dépositaire le plus habituel[16], il est alors pertinent de se demander comment Merleau-Ponty a réglé dans sa pratique de l'écriture ce rapport à la métaphore.

L'étude un peu précise d'un passage du tout début du *Visible et l'invisible*[17] consacré au monde révèle un jeu des pronoms personnels, qui distribue les voix en fonction de leur force en évidence incarnée (la première personne du singulier), de leur qualité d'évidence partagée (la première personne du pluriel), ou encore de leur disqualification en matière de vérité de l'expérience décrite (la troisième personne du singulier). Le "je" n'est pas l'organe unique, loin s'en faut, de la vérité phénoménologique : on peut même dire que, dans cet extrait, il a plutôt le statut de l'instance subjective naïve dont le "il" est l'exact *alter ego*. L'un comme l'autre fonctionnent comme des instances qu'il s'agit de renvoyer dos à dos de façon à faire émerger un "nous", qui vienne attester de la

15 - *Op. cit.*, Note du 26 novembre 1959, p. 275.

16 - "Le langage indirect et les voix du silence", *Signes,* Paris, Gallimard, p. 54.

17 - *Le visible et l'invisible, op. cit.*, p. 19-21.

prégnance de l'intersubjectivité comme validation inter-sensible de l'expérience. La qualité phénoménologique de l'écriture passe donc par ce critère, non pas tant d'ordre intuitif que mettant en œuvre notre sensibilité intersubjective incarnée. Il y a là modification du critère premier de l'intuitivité nécessairement solipsiste, telle qu'elle est mise en avant par Sartre.

Pourra-t-on dire, en second lieu, que les images, pour utiliser un terme plus générique que la seule métaphore, sont l'élément même de la pensée dans ce passage, qu'elles sont mêmes motrices de l'argumentation (car argumentation il y a bien) ? Les seules que l'on découvre sont celles des "haillons du rêve" et du "tissu serré du monde vrai" qui, dans le registre unifié de l'habillage, disent le vide et les trous de l'imaginaire face au plein et la densité du sensible perçu. Merleau-Ponty dispose, là encore, d'une terminologie assurée qui n'a pas besoin d'être remise en cause pour elle-même : les images n'ont donc ici qu'un statut d'auxiliare de la pensée, au plus d'explicitation encore relativement illustrative.

Il n'en va plus ainsi, lorsque, confronté à une zone-limite de la pensée, comme dit Husserl, "pour cela, les mots [lui] manquent[18]". C'est là que, tentant de caractériser autrement la chair tout en continuant à la nommer ainsi[19], le phénoménologue est amené à user d'images originales : "l'enroulement du visible sur le corps voyant", "la texture qui revient en soi", "cette déhiscence ou fission de la masse". Toutes ces expres-

18 - *Op. cit.,* p. 191-194. *Cf.* aussi Husserl, *Leçons pour une phénoménologie de la conscience intime du temps,* Paris, P.U.F., 1964, § 36. Fink s'interroge également, à propos de la mobilité du temps, sur la pertinence de l'usage des "Metaphern" de "Fluß" et de "Strömen" (*cf. Welt und Endlichkeit,* Würzburg, Kœnigshausen & Neumann, 1990, p. 201).

19 - "[...] la chair dont nous parlons n'est pas la matière. [...] Ce que nous appelons chair, cette masse intérieurement travaillée, n'a de nom dans aucune philosophie." (*op. cit.,* p. 191 et p. 193).

sions – ces zeugmes – ont l'étrange résonnance conjuguée du l'abstrait et du concret, telles des sortes d'allégories en quête de concrétisation. En tout état de cause, l'écriture cherche ici son lexique adéquat – “nous avons parlé sommairement d'une réversibilité du voyant et du visible [...]. Il est temps de soulignner qu'il s'agit d'une réversibilité toujours imminente et jamais réalisée en fait.” – plus que son rythme syntaxique, qui est quant à lui marqué par les anaphores des déictiques : “Cette concentration des visibles autour de l'un d'eux, cet..., ce..., ce..., ces...” (comme chez Sartre) ou par celles des conditionnels (“comme si”), mais pas, du moins ici, par une distorsion de la grammaticalité syntaxique[20]. Le conceptuel, loin d'être aboli, trouve son impulsion et son rajeunissement dans les ressources offertes par les mots les plus concrets.

Alors que l'abondance et la motricité de l'exemplification, le régime descriptif (même mêlé à de la construction) ou encore le discours à la première personne (qu'elle soit singulière ou plurielle) apparaissent, au vu des analyses que nous venons de mener, comme des ingrédients nécessaires d'une écriture phénoménologique et dont on trouve l'attestation spécifiée chez nos deux auteurs, ils ne sauraient suffire à sa définition. D'une certaine manière, on pourrait dire qu'une certaine philosophie analytique déploie peu ou prou les mêmes réquisits.

En revanche, l'alliance à chaque fois singulière de l'intuitivité et de la métaphoricité semble déterminer une configuration phénoménologique d'écriture relativement pertinente, au regard, du moins, de ces deux figurations, sartrienne et

20 - *Op. cit.*, p. 192 et p. 193. Nous exceptons de notre analyse les notes de travail, qui n'ont pas de statut écrit au même titre que le texte, ni ne peuvent être revendiquées comme aphorismes.

merleau-pontienne. Contre une "compréhension seulement symbolique des mots"[21], l'intuitivité admet ici deux formes, ou bien, celle, solipsiste, de l'évidence apodictique, ou bien, celle, intersubjective, de la sensibilité incarnée ; contre un usage exclusivement logique (fondé sur l'univocité et la transparence) de la langue, la métaphoricité déjoue l'abstraction du concept en le re-générant par ses figurations concrètes propres. Loin d'être aboli, le concept est ainsi rendu à sa concrétude initiale.

A ces deux égards, on peut dire que Sartre comme Merleau-Ponty, avec des inflexions axiologiques opposées (dépréciative pour l'un, positive pour l'autre), permettent de formuler une première esquisse – à vérifier – d'une critériologie de l'écriture phénoménologique. Un passage de "Qu'est-ce qu'écrire ?"[22] est en ce sens éloquent : "Il n'y a, Merleau-Ponty l'a bien montré dans la *Phénoménologie de la perception,* de qualité ou de sensation si dépouillée qu'elles ne soient pénétrées de signification. Mais le petit sens obscur qui les habite, gaîté légère, timide tristesse, leur demeure immanent ou tremble autour d'elle comme une brume de chaleur ; il *est* couleur ou son. Qui pourrait distinguer le vert-pomme de sa gaîté acide ? Et n'est-ce pas déjà trop dire que de nommer 'la gaîté acide du vert-pomme' ? Il y a le vert, il y a le rouge, c'est tout ; ce sont les choses, elles existent pour elles-mêmes. Il est vrai qu'on peut leur conférer par convention la valeur de signes. Ainsi parle-t-on du langage des fleurs. Mais si, après accord, les roses blanches signifient pour moi 'fidélité', c'est que j'ai cessé de les voir comme roses : mon regard les traverse pour viser au-delà d'elles cette vertu abstraite ; je les oublie, je ne prends par garde à leur foisonnement mousseux, à

21 - *Cf.* Husserl, *Recherches logiques, ibid.*
22 - Sartre, *Qu'est-ce que la littérature ?*, Paris, Gallimard, 1948, p. 12-13.

leur doux parfum croupi ; je ne les ai pas même perçues. Cela veut dire que je ne me suis pas comporté en artiste."

Chapitre VI

LA PHÉNOMÉNALITÉ DU DIRE : EXCÈS OU COÏNCIDENCE ?

À LA LUEUR de l'examen croisé des perspectives sartrienne et merleau-pontienne, on a mis en évidence un second critère prégnant d'appréciation de la teneur phénoménologique d'une écriture, qui s'enracine dans la force de la qualité tout à la fois intuitive et métaphorique de la description de l'expérience. De cette qualité qui déjoue l'opposition naïve entre concept et image et qui ressource le langage à la source intuitive du voir de l'expérience, découle un soin particulier porté au processus même de l'exemplification en sa singularisation, c'est-à-dire, conjointement, à la catégorisation de l'expérience décrite. Aussi dispose-t-on à présent de deux repères pour approcher la possibilité d'une écriture, d'une "rhétorique" phénoménologique : 1) à partir de Husserl, un mode de temporalisation de l'acte d'écrire où celui-ci antécède le sens visé ; 2) à partir de Sartre et de Merleau-Ponty, un mode de rapport à l'image ressourcé à et réglé par la qualité intuitive du voir non-discursif. En conjuguant ces deux critères, génétique et statique, on ouvre la voie à une écriture descriptive tout à la fois mue par la dynamique motrice de l'acte d'écrire et attentive à la sobriété de l'énonciation de l'expérience.

Les démarches lévinassienne et henrienne vont-elles nous permettre de confirmer ces critères, ou bien nous permettre de complexifier la critériologie en question en faisant apparaître un autre couple complémentaire de critères de la teneur phénoménologique d'une écriture ?

Est-ce "l'expérience pure et, pour ainsi dire, muette encore, qu'il s'agit d'amener à l'expression pure de son propre sens[1]", et ce, en découvrant la formulation originairement adéquate à ce qui est vécu, ou bien, est-ce le langage lui-même qu'il convient de prendre comme le site manifeste d'une expérience singulière ? En d'autres termes, plus lapidaires : l'expérience est-elle à la recherche de son langage approprié, ou le langage est-il lui-même objet d'expérience ? Ou encore : le phénomène a-t-il un Dire qui lui correspond pleinement, ou est-ce le Dire tel qu'il est dont il convient d'interroger la phénoménalité propre ?

Ces deux ordres de questions, loin de revenir au même du fait de la dialectique apparente de la formulation interrogative, proposent des projets philosophiques radicalement différents. Dans un cas (1), on part de la description de l'expérience, de ce qui s'atteste phénoménalement, en son "comment", dans l'expérience perceptive, remémorante, imaginative que je puis faire

1 - Cette phrase bien connue du § 16 des *Méditations cartésiennes* (*Hua* I, p. 77, trad. fr., p. 33) a fait l'objet d'un fin commentaire par Merleau-Ponty dans la *Phénoménologie de la perception, op. cit.*, p. X.

d'un objet donné, et l'on se pose à partir de là la question du langage convenable en vue d'une telle description. Soit, (1a) de façon radicale, ce langage s'avère être, de l'aveu de Husserl comme de Merleau-Ponty, celui des choses elles-mêmes, de l'acte perceptif intentionnel ou du sentir lui-même, position phénoménologique très forte mais qui ne fait que faire reculer d'un cran le problème du statut (dérivé ?) du langage articulé ; soit (1b) on assume cette position d'après-coup de la langue sur l'expérience, ce qui revient à entériner, même si c'est plus subtilement, une posture relativement classique dans l'approche peu ou prou instrumentale de la langue par rapport à la pensée. Dans l'autre cas (2), c'est le langage comme mode d'expression spécifique qui est l'objet premier de la réflexion et de l'investigation, et l'on s'interroge alors sur l'expérience singulière qui a lieu dans l'acte d'écriture, c'est-à-dire sur l'apparaître propre à l'acte d'écrire.

Il y a à cette alternative méthodique une conséquence immédiate. La première manière d'envisager la langue phénoménologique, qu'on la prenne comme aussi originaire que le sens visé, ou bien dérivée par rapport à l'expérience perceptive, revient à mettre en œuvre, de façon plus ou explicite, une "phénoménologie du langage". Le phénoménologue, attaché primairement à décrire des phénomènes du monde par le biais d'actes de conscience, se pose la question du *medium* langagier qu'il utilise dans ce but et statue alors sur la place (absolue, relative, voire inexistante) qu'il convient de lui accorder. En fonction de l'option retenue, on choisira de développer une "théorie du langage" qui circonscrit ce phénomène langagier par rapport aux autres ou, plus radicalement, qui se confond à terme avec la phénoménologie développée elle-même (Merleau-Ponty, Sartre, Lévinas, Derrida, M. Richir, selon des styles différents, déclinent divers degrés possibles de cette position). À l'inverse, on décidera d'ignorer le problème (M. Henry, jusqu'à il y a peu, J.-L. Marion quasiment à ce jour).

Mais il y a également une autre manière de procéder. Plutôt que de s'attacher aux énoncés que les phénoménologues ont (ou n'ont pas : on interroge alors cette absence) produit sur le langage selon divers modes de théorisation, on s'intéresse à la manière dont ils mettent eux-mêmes en œuvre un langage. D'une certaine manière, on les "prend au mot" en étudiant leur *pratique* langagière, pour faire ressortir leur Dire spécifique et relever le type de phénoménalité propre à ce Dire. Ce faisant, on peut faire droit à tous les écrits phénoménologiques, sans privilégier ceux qui se sont expressément prononcés sur le statut à accorder au langage. Loin de mettre pour autant hors-jeu de tels énoncés théoriques, on dispose par l'étude de la pratique de l'écriture d'un certain recul par rapport aux énoncés eux-mêmes, ce qui permet de faire apparaître les écarts qui existent entre la formulation théorique et l'exercice en acte, ou bien encore des convergences. Ce choix part du constat que l'étude première des "phénoménologies du langage" proposées par un tel ou un tel a un effet obnubilant et oblitérant sur l'attention au Dire lui-même en sa phénoménalité. On se rassure en se disant que le phénoménologue a lui-même ressaisi sa pratique du langage en la formulant, et que l'on peut dès lors s'y fier. Or, on est parfois surpris de constater que les deux niveaux (théorique/pratique) ne se recouvrent pas nécessairement, voire entrent en contradiction[2].

On partira donc de l'idée que, pour saisir le Dire en sa phénoménalité, il est préférable de ne pas faire confiance aux

2 - Un tel constat est particulièrement net chez Husserl. *Cf.* Chapitre III, ici même. Mais on pourrait faire le même bilan à propos de Fink.

énoncés expresses des phénoménologues, pour s'attacher à la chose même, quitte à reconnaître par après que leur réflexion sur le langage procède parfois clairement d'une pratique elle-même assez réfléchie. Dans le parcours proposé ici, je commencerai par rappeler les énoncés théoriques en question, de façon à ne pas les présupposer subrepticement par après dans l'analyse de l'écriture elle-même. Une telle méthode permet d'éviter de poser comme acquise l'expérience du langage que chacun fait au moment même où il écrit. Elle laisse entendre que l'acte d'écrire, aussi mûrement réfléchi soit-il, aussi contrôlé soit-il dans ses procédures descriptives, se déploie parfois à l'insu de l'écrivant, voire meut la description elle-même à son corps défendant. En d'autres termes, cet acte est lesté d'une forme de passivité par laquelle se configure un monde que nous n'avions peut-être pas complètement prévu. Autrement dit : on laisse ici sa chance à l'in-attendu du sens dans l'acte même d'écrire.

Pour approfondir cette enquête qui a déjà trouvé en Husserl, Merleau-Ponty et Sartre des jalons décisifs, on a choisi pour finir deux écrits phénoménologiques en tous points contrastés, quant au mode d'écriture bien entendu, mais aussi dans leur thématique philosophique, et enfin, dans leur mode de théorisation du langage. L'un a inspiré l'intitulé de ce dernier chapitre (E. Lévinas), l'autre sert de prime abord de contrepoint au premier (M. Henry) : on verra en réalité qu'il s'agit de bien plus que d'un simple "faire-valoir". L'intitulé général recoupe assez simplement les deux orientations : de façon encore trop sommaire, E. Lévinas, promoteur de la transcendance, inscrit son langage sous le signe de l'excès ; M. Henry, défenseur de l'immanence, déploie un langage de la coïncidence.

À l'orée du parcours, plusieurs questions surgissent : y a-t-il un Dehors du langage et, si oui, quel rapport le langage entretient-il avec ce Dehors ? Autre question : le Dire comme phénomène *contient*-il en lui-même ce Dehors, sous la forme d'une altérité à lui-même, d'une altération de lui-même et, si oui, quelle relation une telle altération a-t-elle avec la dite extériorité par rapport au langage ? En d'autres termes, *comment* la langue de E. Lévinas et de M. Henry déploie-t-elle sa propre phénoménalité ? – Dans l'épreuve de l'extériorité, ou bien dans l'épreuve de soi-même ? Y a-t-il là une alternative absolue ?

Dernière question, enfin, qui concerne le fil rouge de notre investigation d'ensemble : comment ces deux perspectives contrastées font-elles émerger à partir d'elles-mêmes un critère pertinent de la phénoménalité spécifique de leur écriture ? On verra que chacun des phénoménologues fait droit à ce processus d'altération propre à l'écriture, par quoi celle-ci prend du temps, tout autant voire plus encore que de l'espace. Aussi sont-ils tous deux conduits, chacun à leur manière, à dégager un critère de la phénoménalité du langage de type proprement temporel, et ce, à l'encontre même de tout souci porté au mode de spatialisation que requiert l'image et, plus avant, la métaphore. On pourra alors s'interroger sur la convergence ou non des gestes levinassien/henrien et husserlien de ce point de vue.

1. Transcendance de l'autre et écriture de l'excès

Avant de nous engager dans la dite analyse, notons un paradoxe. La décision lévinassienne qui consiste à faire de l'éthique la "philosophie première" a pour vertu, de fait, de limiter le rôle du langage : l'autre passe avant le Dire de l'autre. Pourtant, en mettant au premier plan la transcendance (de l'autre, sur un mode paradigmatique), l'auteur déploie en toute homologie une écriture de l'excès. Même ainsi, la thématisation du langage comme Dire aurait pour effet de le circonscrire. Néanmoins, l'attention à mesure croissante que Levinas accorde au langage pousse à sa limite la puissance expressive : le souci de l'expression rend celle-ci à mesure proliférante, plus, démesurée dans sa dés-articulation syntaxique.

Ce paradoxe ne se résoud pas, loin s'en faut, mais s'explicite (c'est-à-dire trouve à s'exacerber) dans le constat suivant, moteur de l'ensemble de l'analyse : E. Lévinas pratique une *seule* écriture, de type philosophique. Etant donné qu'il ne déleste pas la charge (affective, pulsionnelle) spécifique de l'*acte* d'écrire dans une écriture qui peut à bon droit être à elle-même sa seule fin (comme c'est le cas de l'écriture poétique[3]), son écriture philosophique apparaît grosse d'une potentialité poétique[4]. Dès lors, le langage, tout en étant expressément tenu en bride par rapport à l'exigence éthique explicitement affirmée comme absolue, reprend sans cesse du terrain sur l'autre au point de le rejoindre dans une commune démesure, voire de le déborder par son excès propre.

3 - *Cf. Autrement qu'être ou au delà de l'essence,* Den Haag, M. Nijhoff, 1974, p. 171-172, p. 185, n. 2, où respectivement, Levinas critique les prétentions d'une écriture auto-suffisante et visant le savoir sans l'affect, puis indique la poésie comme voie d'accomplissement du Dire.
4 - E. Levinas a consacré peu de textes à la poésie ou aux poètes. Signalons, dans *Noms propres* (Paris, Fata morgana, 1976), "Agnon/Poésie et résurrection", "Paul Celan, de l'être à l'autre", "Edmond Jabès aujourd'hui" et, dans *Difficile liberté* (Paris, A. Michel, 1963), "La poésie et l'impossible", tous textes de conjoncture, en tout état de cause. A propos du primat du verbe sur l'image en esthétique, *cf.* F. Armengaud, "Ethique et esthétique. De l'ombre à l'oblitération" in *Cahier de l'Herne E. Levinas,* Paris, L'herne, 1991, p. 499-508, et E. Levinas, "La réalité et son ombre", *Les Temps Modernes,* 1948, p. 771-789, ainsi que "Jean Atlan et la tension de l'art", *Cahier de l'Herne E. Levinas, op. cit.,* p. 509-510.

A. La théorie lévinassienne du langage : le Dire et le Dit[5]

Assez tôt quoique de façon plutôt appendice, Levinas a mis en avant la dimension de la parole et du verbe contre l'image, qu'il estime lestée de passivité, d'opacité, dégradée et figée en idole. Dès 1948, dans un article qui dresse un réquisitoire contre l'art et notamment contre la peinture, le travail du critique exégète est exhaussé au-dessus de l'œuvre d'art elle-même du fait de la parole qu'il détient, mode d'ouverture par excellence d'une œuvre sinon vouée à la clôture mortifère. La position levinassienne est ici fort proche de la critique platonicienne de l'image que valorise le poète ; en 1964, dans un article consacré à Merleau-Ponty et à Husserl[6], le traducteur précoce de ce dernier prendra position contre son maître pour défendre l'expression et non la signification. L'idéalité catégoriale lui paraît contenir le sens dans un espace sans ouverture ni dynamique interne, tandis que l'expression est ouverture temporalisée à autrui. On trouvait déjà, peu avant, dans *Totalité et infini*[7], le résultat d'une telle détermination du langage dans la mise en exergue du visage d'autrui comme défection de toute phénoménalité jugée idéelle ou ontique, ramenée à l'identité du même, comme pure expression sans contexte, au détriment de l'image comme figure et physionomie circonscriptible et fixatrice du sens.

Enfin, dès *Le temps et l'autre*, en 1946/47, l'auteur insistait sur la relation intime entre temporalisation et altération, sans la

5 - E. Féron a consacré un ouvrage au lien, thématique chez Levinas, entre transcendance et langage : *De l'idée de transcendance à la question du langage. L'itinéraire philosophique d'Emmanuel Levinas*, Grenoble, J. Millon, 1991.

6 - "La signification et le sens", in *Humanisme de l'autre homme*, Paris, Fata Morgana, 1973.

7 - *Totalité et infini*, Essai sur l'extériorité, Den Haag, M. Nijhoff, 1961.

nommer, encore, du terme ultérieur de dia-chronie[8]. Il plaçait dès ce moment sa conception de la langue sous le signe du temps plutôt que de l'espace, de la musique plutôt que de la peinture. Même s'il reconnaîtra, assez tardivement il est vrai, une validité à la plasticité picturale, ce sera pour l'analyser grâce aux catégories musicales du rythme et de la résonance[9]. En tout état de cause, c'est dans l'ouvrage de 1976 que l'on trouve les éléments les plus saillants d'une réflexion, aiguë et abyssale d'ailleurs, sur le langage : elle se cristallise dans les deux notions, qui font couple, du Dit et du Dire[10].

Dès la première occurrence du dit couple, le nœud expérientiel qui le porte est énoncé : "Le destin sans issue où l'être enferme aussitôt l'énoncé de l'*autre* de l'être, ne tient-il pas à l'emprise que le *dit* exerce sur le *dire*, à l'*oracle* où le dit s'immobilise ?[11]" Mais la question est, aussitôt : *qui* porte *qui* ? Quoique la critique lévinassienne de l'être (ou de son ancêtre proche, le phénomène) eu égard à l'identité (et, par conséquent pour Levinas, à la violence) qu'ils recèlent en leur sein remonte pour le moins à *Totalité et infini*, quoique la promotion de l'autre sous toutes ses formes et tous azimuts entraîne comme immédiatement la mise au premier plan de l'éthique, il semble bien que ce soit la langue

8 - Terme thématique dans *Autrement qu'être ou au delà de l'essence, op. cit.*, et indiqué rétrospectivement dans la Préface à *Le temps et l'autre*, Paris, Fata Morgana, 1979.
9 - *Cf.* "Jean Atlan et la tension de l'art", *op. cit.*, et *De l'oblitération. Entretiens avec F. Armengaud à propos de l'œuvre de Sosno*, Paris, La différence, 1990.
10 - *Autrement qu'être ou au delà de l'essence, op. cit.*, chap. I, 3°. Le Dire et le Dit, p. 6-9 ; chap. II, 3°. Temps et Discours, p. 39-58, b) le langage, p. 43 sq., c) le Dit et le Dire, p. 47 ; 4°. Le Dire et la subjectivité, p. 58-77, a) le Dire sans Dit, p. 58 sq., b) le Dire comme exposition à l'Autre, p. 61 sq. ; chap. V, 1°. La signification et la relation objective, c) le sujet comme parlant qui s'absorbe dans le Dit, p. 171 sq., 2°. La gloire de l'Infini, b) Inspiration et témoignage, p. 181 sq., d) Témoignage et langage, p. 185 sq., e) Témoignage et prophétisme, p. 190 sq., 3°. Du Dire au Dit ou la Sagesse du Désir, p. 195 sq.
11 - *Op. cit.*, p. 6.

elle-même qui ait en premier lieu cristallisé une telle obnubilation sur le même au détriment de l'autre, sur l'identification dans le concept contre l'altération qu'est le dire lui-même. Serait-ce que la phénoménalité du Dire est à ce point première qu'elle porte la possibilité même de l'éthique comme philosophie, dès lors non pas première, mais seconde ? Serait-ce que le Dire est doté de la phénoménalité prime ou archétypale, qui fait de l'altération ou de l'altérité qui l'habite le site même d'une possible exposition à autrui ?[12] La question est suffisamment importante pour qu'on la laisse pour l'heure résonner, sans oser d'emblée trancher.

Le constat récurrent de l'auteur d'*Autrement qu'être...* est simple à résumer : la *thématisation* du Dire en Dit est son épuisement comme Dire et, pourtant, il y a quelque chose d'"indispensable" dans l'*apophansis* prédicative, laquelle seule révèle le Dire en creux, fût-ce en le trahissant, à travers le Dit de l'énoncé prédicatif. Tous les passages consacrés à la non-coïncidence du Dire et du Dit jouent sur cette tension constitutive de l'énonciation lévinassienne. Aussi Levinas pose-t-il d'entrée de jeu un double niveau, celui du dire originel ou pré-originel, situé dans un antériorité immémoriale et, en tant que telle, irrécupérable, à jamais perdue, et celui de ce qu'il nomme la corrélation du dire et du dit, où le premier se subordonne au second, son thème, pour pouvoir se manifester à nous[13].

Pourtant, tout le pari de l'ouvrage va consister à faire appa-

12 - *Op. cit.*, p. 7 : "On peut montrer que même la distinction entre être et étant est portée par l'amphibologie du dit [...]".

13 - *Ibid.* : "La corrélation du dire et du dit, c'est-à-dire la subordination du dire au dit, au système linguistique et à l'ontologie est le prix que demande la manifestation. Dans le langage comme dit, tout se traduit devant nous – fût-ce au prix d'une trahison. Langage ancillaire et ainsi indispensable."

raître le Dire comme non-thématisable, selon un mode d'apparaître que l'auteur nomme du nom d'*apparoir* ou signale par la référence à autrui comme *exposition*[14]. Par là se trouve recherchée la possibilité inédite que le Dire se donne d'emblée, à titre de saturation immédiate de lui-même, comme expérience, et ce, depuis la dynamique même d'altération qui est la sienne. "Parler ambigu ou énigmatique" comme le dit lui-même l'auteur, qui n'hésite aucunement à manier les tensions contradictoires de la logique formelle en vue de penser la positivité même de l'exacerbation de celle-ci : "Penser l'autrement qu'être exige, peut-être, autant d'audace qu'en affiche le scepticisme qui ne redoute pas d'affirmer l'impossibilité de l'énoncé tout en osant réaliser cette impossibilité par l'énoncé même de cette impossibilité[15]." Ce "problème méthodologique", ainsi qu'il est énoncé, peut-il se déployer autrement qu'à même l'écriture ?

Ce que l'on voudrait tenter ici de montrer, c'est que Levinas maintient cette tension contradictoire interne au Dire en opérant littéralement une conversion de cette pensée contradictoire en écriture. Déployant, on va le voir, une écriture-limite, une écriture des limites de l'écriture, il espère révéler, *du sein même* de la mise en acte de l'écrire, le problème philosophique dont il annonce dès le départ le paradoxe constitutif. Il est dès lors confronté à une question préjudicielle concernant le statut de ce qu'il nous livre : est-ce une écriture infinie, est-ce un écrit, un livre fini ? Sa réponse, à ce stade, ressortit à une dialectique ouverte, qui ne peut manquer de susciter la perplexité : "Dans l'écrit certes le dire se fait pur dit, simultanéité du dire et de ses conditions. Le discours interrompu rattrapant ses propres rup-

14 - *Op. cit.*, p. 61 *sq.*
15 - *Op. cit.*, p. 9.

tures, c'est le livre. Mais les livres ont leur destin, ils appartiennent à un monde qu'ils n'englobent pas, mais qu'ils reconnaissent en s'écrivant et en s'imprimant et en se faisant préfacer et en se faisant précéder d'avant-propos. Ils s'interrompent et en appellent à d'autres livres et s'interprètent en fin de compte dans un dire distinct du dit". Tout en faisant le constat d'un excès du monde sur le Dit, l'auteur laisse à penser que le Dire peut lui-même, en tant que relance incessante car altérante du Dit, sinon englober, du moins épouser les nervures mêmes du réel au point de l'accomplir. Autrement dit, le Dire contient en lui-même un Dédire qui l'excède au même moment comme tel. Ou encore : l'écriture loge en elle une désécriture qui l'habite comme son intime étrangeté. On écrit toujours contre un autre livre que l'on a soi-même écrit auparavant et dans lequel on ne se reconnaît plus – quand ce n'est pas contre le livre d'un autre – et une telle violence, exercée contre soi-même ou contre un autre que soi, est constitutive de l'acte même d'écrire.

Toujours est-il que, sur le plan thématique, la mise en exergue du Dire trouve de fait deux ressources expérientielles de taille : 1) le primat accordé au verbe sur le nom : la verbalité contient en elle une fluence temporelle, alors que la dénomination constitue des identités figées. Pourtant, le "déphasage" de l'identique est bien entendu sans cesse rattrapé par l'identification. Diastase et dia-chronie dé-nomment cette expérience de la signifiance rattrapée par la signification mais toujours en excès par rapport à une identification complète, selon un au delà du Dit qui est perte incompressible. Une temporalité de la perte, à savoir de la passivité absolue, de l'échappement immémorial alimente ainsi en premier lieu la phénoménalité du Dire[16]. 2) La

16 - *Op. cit.* p. 43-49.

primauté d'autrui, son approche qui est tout à la fois responsabilité immémoriale et mode primordial d'exposition de moi-même comme vulnérable, dénudé, bref, passivité dernière, sous-tend par ailleurs de façon matricielle l'expérience du Dire, où l'exposition a elle-même remplacé la phénoménalité [17]. C'est dans ces pages intitulées "Le Dire comme exposition à l'autre" que Levinas révèle la dimension aporétique de la réponse à la question de savoir qui, du Dire ou de l'Autre, fournit l'ancrage expérientiel premier. C'est également dans ces pages, que nous allons à présent prendre comme fils conducteurs, que l'écriture elle-même atteint un paroxysme.

B. Une pratique-limite de l'écriture

À lire attentivement le développement d'*Autrement qu'être...*, lequel forme sans doute un point d'acmé sur le plan de la *praxis* de l'écrivant, on est frappé par l'alternance récurrente de trois grands modes d'articulation syntaxique du discours philosophique :

1) l'auteur adopte un mode d'expression d'ordre argumentatif, régi par l'opposition à une thèse tout d'abord formulée sous forme négative, puis par le déploiement positif, annoncé par l'outil logique de la contrariété (mais), de la thèse suivie : "ce n'est pas, mais..." On trouve de ce premier mode d'expression quelques variantes. Soit l'outil logique est lui-même effacé : "Ce n'est pas la découverte du 'cela parle' ou du 'la langue parle' qui fait droit à cette passivité. Il faut montrer dans le Dire – en tant qu'approche – la dé-position ou la dé-situation du sujet qui demeure cependant irremplaçable unicité et, comme la subjecti-

17 - *Op. cit.*, p. 58-65.

vité du sujet"[18] – auquel cas la rupture se fait brutale sur le mode d'une asyndète. Soit le mode conditionnel vient relayer le mode indicatif et laisse entrevoir la thèse positive comme une hypothèse sur le mode de la possibilité ouverte : "Le verbe *être* dit la fluence du temps comme si le langage n'équivalait pas sans équivoque à la dénomination. Comme si dans être le verbe rejoignait seulement sa fonction de verbe. Comme si cette fonction revenait au fourmillement et à la sourde démangeaison de cette modification sans changement qu'opère le temps". Ou encore : "Le langage ne se réduit pas ainsi à un système de signes doublant les êtres et les relations – conception qui s'imposerait si le mot était Nom. Le langage serait plutôt excroissance du verbe."[19] Ce mode d'expression est relativement classique en philosophie, il renvoie à l'amorce duelle d'une possible dialectisation par le biais de la critique.

2) Levinas multiplie les énoncés strictement assertatifs, le plus souvent verbalisés au moyen de la copule : "Le Dire est communication [...], [le Dire] est dans la découverte risquée de soi [...], [le Dire] est la respiration même de cette peau avant toute intention [...] Son recroquevillement est une mise à l'envers. Son 'envers l'autre' est cette mise à l'envers même"[20]. Ce régime expressif de la position, de la positivité, récurrent, a pour effet de produire une saturation continue de l'expérience dans l'expression elle-même, de donner à voir une plénitude de présence qui est plein d'être. Ce second mode d'expression est déjà moins classique en philosophie. On peut même dire qu'il est le

18 - *Op. cit.*, p. 61.
19 - *Op. cit.*, p. 45. Autre exemple, p. 61 : "[...] le Dire-à-proprement-parler – n'est pas délivrance de signes. La 'délivrance' de signes reviendrait à une préalable représentation de ces signes, comme si parler consistait à traduire des pensées en mots [...]".
20 - *Op. cit.*, p. 62-63.

plus souvent évité, tant il manifeste la plénitude d'une thèse non-soumise à la critique, risquant par conséquent le dogmatisme de la position. Ou encore, sur un mode plus heideggerien, puis derridien, cette pratique d'écriture serait reconduite à la métaphysique langagière de la présence. Un tel mode d'expression ne vaut donc que s'il est ressaisi comme moment-charnière entre le mode critique et un troisième mode, lequel caractérise en propre l'énonciation levinassienne.

3) La pratique de la nomination, et de la nominalisation de la phrase tout entière correspond à ce troisième mode de formulation : "Passivité de l'exposition... exposition en-réponse-à... Dénudation au delà de la peau, jusqu'à la blessure à en mourir, dénudation jusqu'à la mort, être comme vulnérabilité. Fission du noyau ouvrant le fond de sa nucléarité ponctuelle comme jusqu'à un poumon au fond de soi ; noyau qui n'ouvre pas ce fond tant il reste protégé par sa croûte de solide [...] Dénudation jusqu'à l'*un* inqualifiable [..] Absolution qui inverse l'essence [...]"[21]. Contrairement à l'affirmation théorique de la primauté du verbe sur le nom, la pratique écrivante conduit Levinas à multiplier les énoncés strictement nominaux.

Il y a à l'évidence un *crescendo* d'un mode à l'autre, jusqu'à sa culmination dans la pure nomination. Que signifie cette élision progressive de la syntaxe articulée, de la dimension verbale, des articles mêmes, au profit du pur nom inaugurateur de phrases qui se succèdent parfois sans aucun autre lien que la succession des Noms ponctués de points ?

21 - *Op. cit.*, p. 63-65. *Cf.* aussi p. 45 : "Identification qui est prestation du sens [...]" ; p. 185-186 : "Psychisme qui [...], substitution qui [...], subjectivité du sujet [...] récurrence qui n'est pas coïncidence avec soi : repos, sommeil ou matérialité ; mais récurrence en deçà de soi-même [...]".

On peut ressaisir cette expérience de la lecture en dégageant les deux procédures, complémentaires, qui sous-tendent une telle pratique : 1) le deuxième et le troisième modes d'expression convergent dans un effet de ressassement qui va jusqu'à la litanie et fait émerger la dimension de l'incantatoire. La récurrence de l'énoncé copulaire puis strictement nominal bascule dans une structure de répétition assortie de variations infinitésimales de sens et de forme, lesquelles maintiennent la non-coïncidence minimale, l'altération qui laisse être le développement qu'impose toute discursivité. On a affaire à un processus ressassant d'intensification du même s'altérant. Le sens semble piétiner, et seule l'écriture donne le ton de la progression.

A cet égard, l'expérience du lecteur est celle, dans ces moments-limite, d'une lecture à bout de souffle où le sens se sature dans l'écriture, où l'expérience s'avère immanente au rythme litanique et incantatoire, s'épuise ou s'exténue dans le mouvement même de l'écriture. Par rapport à ces phases extrêmes de l'énonciation, le premier mode d'expression réintroduit de temps à autre des outils logiques qui permettent de reprendre souffle ou pied dans une syntaxe plus normalisée. La saturation du propos est ainsi aérée par la critique, ou encore, la logique syntaxique interrompt de temps à autre la montée en puissance de l'affect qui accompagne l'intensification nominalisante.

Quelles sont les figures rhétoriques, d'ailleurs nommées par Levinas lui-même (on va voir comment), d'une telle assomption incantatoire ? Dans les pages déjà citées qui forment, on l'a vu, un creuset où bouillonne le sens-affect, on en voit apparaître deux, à des moments eux-mêmes culminants de l'énonciation : 1) *l'hyperbole* : “Mais le Dire est dénudation de la dénudation, donnant signe de sa signifiance même, expression de l'exposition – hyperbole de la passivité qui dérange l'eau qui dort, où, sans Dire, la passivité grouillerait de secrets desseins. Dénudation de la dénudation, sans que cette 'réflexion' ou cette itération ait à ajouter, après coup, à la dénudation."[22] ; 2) *l'emphase* : "La douleur, cet envers de la peau, est nudité plus nue que tout dépouillement : existence qui de sacrifice imposé, – sacrifiée plutôt que se sacrifiant, car précisément astreinte à l'adversité ou à la dolence de la douleur – est sans condition. [...] Le Dire, passivité la plus passive, ne se sépare pas de la patience et de la dolence [...] Ainsi seulement le *pour-l'autre* – passivité plus passive que toute passivité, emphase du sens – se garde du *pour-soi*."[23]

Aussitôt effectuées, aussitôt nommées : Levinas est ici au plus près d'une coïncidence de l'acte d'écrire et de son ressaisissement par la nomination de l'acte, coïncidence qui, de fait, contient inévitablement en elle le retard minimal de l'énonciation en acte elle-même : il y a donc bien au sens strict non-coïncidence. Au delà du reflux du verbe sur le nom, indice d'un écart entre théorisation et mise en acte de l'écriture, Levinas est au plus près de faire coïncider ce faisant théorie du langage et pratique de l'écriture. En tout état de cause, ces deux figures, issues de la rhétorique grecque, donnent le ton déclamatoire et insistant (emphase), excessif et intensifiant (hyperbole) de l'expression levinassienne, aux antipodes de la sobriété et de la litote. L'excès se mesure à la surenchère du "plus" (où s'indique un *optimum*), au passage à la puissance dans le retour du génitif (où se révèle une intensification). Il y a là un pouvoir de l'écriture qui fait signe vers une forme de démesure[24].

22 - *Op. cit.*, p. 63.

23 - *Op. cit.*, p. 64-65.

24 - *Cf.* Fontanier, *op. cit.*, p. 123 : " L'Hyperbole augmente ou diminue les choses avec excès, et les présente bien en-dessus ou bien en-dessous de ce qu'elles sont, dans la vue, non de

Seule la figure de *l'inspiration*, thématique mais plus tardive dans le texte, vient mettre un frein à cette démesure, en révélant la limite du Dire par rapport à l'Infini : "L'idée de l'Infini qui chez Descartes se loge dans une pensée qui ne peut la contenir exprime la disproportion de la gloire et du présent, laquelle est l'inspiration elle-même. Sous le poids dépassant ma capacité, une passivité plus passive que toute passivité corrélative d'actes, *ma* passivité éclate en Dire"[25]. Mais même ainsi, la figure du dire prophétique recèle une ambivalence : il manifeste la disproportion entre la finitude de l'écriture et l'infini de la gloire et, en même temps, il trouve en l'emphase une ressource renouvelée pour produire un Dire à la dé-mesure de l'infini. On peut dire, à ce stade, que l'ambiguïté d'une telle écriture reste entière, qui, pour reprendre les catégories husserliennes, fait l'aveu de la naturalité du langage tout en promouvant une forme d'écriture transcendantale comme écriture emphatique et hyperbolique où devrait pouvoir se donner – à la limite – l'infini lui-même.

Cette écriture-limite porte avec elle deux conséquences, qui correspondent aux deux sens que revêt la limite elle-même : 1) la limitation de l'écriture est en fait le ressort interne d'un processus d'illimitation d'elle-même dans un faire qui suscite un vertige chez le lecteur, et renvoie à un *pathos* tragique chez l'écrivant. Une telle écriture fait apparaître combien l'affect est au fond son expérience matricielle : une telle écriture-limite est écriture de l'affect, au sens *subjectif* du génitif, l'affect d'un trauma-

tromper, mais d'amener à la vérité même, et de fixer, par ce qu'elle dit d'incroyable, ce qu'il faut réellement croire".

25 - *Op. cit.*, p. 187 et *sq.* Cf. à ce propos, l'article de H. Valavanidis-Wybrands, "Enigme et parole", in *Emmanuel Levinas. L'éthique comme philosophie première,* Paris, Cerf, La nuit surveillée, 1993, p. 383-385 notamment.

tisme qui est celui-là même de l'expérience d'une perte constitutive. 2) L'expérience du *pathos* en question s'accomplit dans l'acte même de l'écrire, trouve dans l'écriture sa véritable intensité. C'est dire que l'écriture devient à elle-même sa propre fin, par quoi l'expérience affective s'exténue dans l'écriture. La question est alors : y a-t-il encore un Dehors ? Tel est le paradoxe d'une philosophie de la transcendance qui épuise celle-ci dans son Dire, d'une écriture qui puise sa phénoménalité propre dans une temporalité du retard et du différement, lors même qu'elle pratique la quasi-coïncidence incessante du Dire et du Dit.

2. *Immanence de l'auto-affection et écriture de la coïncidence*

Dès 1963, dans *L'essence de la manifestation*, M. Henry dresse un réquisitoire bien connu contre toute forme de transcendance, qu'elle soit intentionnelle ou ek-statique, en renvoyant dos à dos le dualisme naïf de l'intérieur et de l'extérieur qu'elle maintient et le monisme du phénomène ou de l'être qui est au fond le moteur secret d'un telle dualité première. La radicalité de la critique englobe par avance, peut-on dire, la découverte levinassienne de la primauté d'autrui comme transcendance absolue, mais également, de façon plus subtile, l'analyse merleau-pontienne ultime de la chair du monde comme élément de rayonnement de l'être. Quoique le geste méthodique initial de l'auteur de la *Phénoménologie de la perception* soit assez homologue à celui de *L'essence de la manifestation* dans la critique des dualités naïves qu'il exerce, sa reconduction à une unité charnelle primordiale dans *Le visible et l'invisible* reste soumise à la critique henrienne du monisme, opérée dès 1963. C'est dire que l'immanence que vise l'auto-affection n'est pas l'immanence du monde toujours transi d'altérité déployée par Merleau-Ponty. Mais tout en paraissant accorder davantage à l'altération que M. Henry, la pensée merleau-pontienne reste en son fond moniste. Tout en semblant maintenir radicalement l'idée d'une unité primordiale et massive de l'auto-affection arc-boutée contre toute altérité synonyme d'extériorité, la pensée henrienne déploie une "structure de l'immanence" dont on ne peut manquer de noter des articulations internes[26].

Dès que l'on pénètre un peu plus avant dans l'œuvre de M. Henry, on est frappé de constater qu'y sont suivis parallèlement deux chemins distincts de pensée et d'écriture, philosophique et littéraire. Contrairement à l'unité d'écriture levinassienne (mais aussi merleau-pontienne), en toute proximité avec la dualité du régime d'expression sartrien, l'auteur se présente tout à la fois comme philosophe et comme romancier. Que ce soit le roman (comme chez Sartre) et non la poésie qui présente une source d'inspiration parallèle à la quête philosophique ne peut manquer d'intriguer un lecteur attentif à la pratique de l'écriture philosophique.

Au surplus et, là encore contrairement à Levinas, M. Henry reste pour l'essentiel muet sur le statut du langage et sa possible théorisation. Alors que ce souci est chez Levinas précoce voire, à mesure, constitutif d'une démarche de pensée-limite de l'éthique, il faudra attendre le tout dernier ouvrage de l'auteur de

26 - *Cf.* sur un mode critique à l'égard de M. Henry, R. Barbaras, "Le sens de l'auto-affection chez Michel Henry et Merleau-Ponty", in *Epokhè*, n°2, Grenoble, Millon, 1991, p. 91-113 et, sur un mode positif, Y. Yamagata, "Une autre lecture de L'essence de la manifestation", *Etudes philosophiques*, n°2, 1991, p. 173-191.

L'essence de la manifestation, à savoir *C'est moi, la vérité* [27], pour le voir prendre parti contre une certaine théorie du langage et dessiner les contours possibles d'un autre langage[28]. Risquons une hypothèse : plutôt que de voir dans cette absence, très récemment comblée, une lacune constitutive de la pensée henrienne de l'immanence auto-affective homologue à l'absence thématique de la temporalité ou encore d'autrui, on peut repérer deux conjonctures de pensée qui rendent raison, de façon assumée, d'une telle absence. D'une part, le double registre d'écriture que pratique le philosophe-romancier lui permet de jouer sur une dualité discursive sans s'obnubiler sur une thématisation théorique de la langue. D'autre part, le langage articulé ressortissant à une forme même subtile d'extériorisation de la pensée, il est de bon ton de ne pas en faire un thème d'une philosophie qui se tient sur la ligne de crête de l'intériorité : à l'aune de cette exigence, le langage n'est rien, ce qui signifie aussi, on le verra, qu'il est tout. Rien ne sert de le thématiser, puisque ce serait nécessairement le situer dans sa limite interne. Le langage n'est rien, puisqu'il relève de la contingence de l'énonciation, toujours en position d'extériorité mondaine par rapport à la pensée, seule dépositaire de la transcendantalité ; le langage est tout, puisque c'est du dedans de la langue que nous pensons, c'est-à-

27 - M. Henry, *C'est moi, la vérité,* pour une philosophie du christianisme, Paris, Seuil, 1996, p. 1-45 et p. 269-291. *Cf.* déjà *Phénoménologie matérielle*, Paris, P.U.F. 1990, p. 131-132, de façon sans doute plus latérale.

28 - Indiquons une nouvelle ligne de partage entre les deux phénoménologues, concernant cette fois le rapport plus général à l'art : la réhabilitation par Levinas de la peinture est tardive, et reste peu développée. L'auteur de *Voir l'invisible* (Paris, François Bourin, 1988), tout en assumant à sa manière la critique levinassienne de l'image comme extériorité spatialisée et statique, porte une attention soutenue à la réalité esthétique comme lieu inapparent de nos émotions intérieures, et ce, en decà de la médiation langagière. *Cf.* aussi l'essai qu'il a consacré à A. von Briesen, "Graphie de la subjectivité" et à sa tentative-limite de conversion de la musique en un graphisme inédit, que l'auteur aime à nommer "transcendantal"...

dire que nous sommes affectés. Force est de s'interroger sur l'étrange proximité du geste henrien avec celui du fondateur de la phénoménologie : pour Husserl aussi, le langage est en même temps tout et rien, et pour des raisons sans doute assez homologues à celles que met en avant M. Henry.

En tout état de cause, la contradiction apparente d'une philosophie de l'immanence quant au statut du langage révèle une double détermination, ancienne et récente. Très récemment, M. Henry prend position contre le langage dans sa pratique philosophique la plus courante en phénoménologie aujourd'hui, à savoir l'herméneutique ; fidèle à lui-même, il pratique depuis toujours, et *a fortiori* dans le dernier ouvrage, une écriture visant à la coïncidence de soi par soi. La question est : parvient-il à *faire* autre chose que ce qu'il critique sur le plan théorique ? A savoir : à mettre en œuvre effectivement une écriture dont le rythme temporel singulier soit irréductiblement anti-herméneutique ? Notons de façon incidente : on entend résonner ici le type de question que, déjà, nous posions au projet nietzschéen de critique de la conceptualité substantielle.

A. Une critique tardive de l'herméneutique ?

Si l'auteur de *L'essence de la manifestation* avait très tôt mis en question le projet ontologique heideggerien en raison de la position moniste que ce projet réassume, cette critique n'était pas alors solidaire d'une interrogation portant sur l'herméneutique de la facticité, interne au projet ontologique de *Sein und Zeit* lui-même. Sans vouloir rentrer ici dans le débat complexe qui oppose une herméneutique du sens à une herméneutique textuelle, ou qui confronte le souci strictement interprétatif à la nécessité de l'exégèse historique, on peut tout de même remarquer que les phénoménologues qui, après Heidegger, ont revendiqué l'herméneutique comme pratique philosophique (Ricœur en premier lieu, mais aussi Levinas dans ses travaux d'exégèse biblique) ont délibérément opté (c'est du moins le cas de Ricœur) pour un examen des textes contre une description psycho-phénoménologique de l'expérience native[29]. On a vu que le statut de l'écriture levinassienne comme Dire pose également le problème-limite du Dehors possible d'une telle pratique.

On fera donc l'hypothèse que le souci herméneutique détourne nécessairement, en dernière instance (il y a toujours une priorité qui l'emporte..., on l'a déjà noté au chapitre précédent), du souci expérientiel. Or c'est précisément une telle hypothèse qui guide la critique henrienne de l'herméneutique dans *C'est moi, la vérité*. A partir d'une interrogation portant sur le type de vérité dont est porteur le christianisme, le philosophe remet en cause la pertinence de l'exigence exégétique à appréhender l'expérience christique elle-même : *"[...] la vérité du christianisme n'a précisément aucun rapport avec la vérité qui relève de l'analyse des textes ou de leur étude historique"*.[30] A travers une telle critique du travail exégétique qu'opère le commentateur pour révéler la portée de la vérité sise dans l'expérience christique, ce qui est en jeu, c'est la capacité du texte à porter une telle vérité. La critique de l'exégèse se fait critique de la seule référence au texte.

29 - P. Ricœur, *Philosophie de la volonté, I. Le volontaire et l'involontaire*, Paris, Aubier, 1950, où le projet d'une description de l'expérience prise pour elle-même est indiqué pour être aussitôt mis hors-jeu du fait de sa difficulté insurmontable, puis, *De l'interprétation*. Essai sur Freud, Paris, Seuil, 1965, et *Le conflit des interprétations,* Essais d'herméneutique I, Paris, Seuil, 1969, où Ricœur opte délibérément pour l'herméneutique, voie plus aisée, plus confortable, contre l'explicitation de l'expérience en sa fraîcheur.
30 - *C'est moi, la vérité, op. cit.*, p. 10.

La conséquence en est qu'il y a un Dehors du texte qui constitue celui-ci dans sa vérité, un type de réalité ou d'expérience qui non seulement excède mais constitue le texte *comme* texte. Par conséquent, le texte ne saurait *seul* faire événement. M. Henry s'appuie sur les énoncés mêmes du *Nouveau Textament* pour étayer une telle critique du texte et de son prétendu pouvoir à configurer un monde[31]. Il en vient par conséquent à réduire à l'extrême le rôle du langage, pur instrument imparfait car mondain, au service d'une réalité qui le dépasse en amont et l'excède en aval[32]. Indigent et impuissant, le langage est un simple moyen de communication et d'extériorisation qui ressortit à ce titre à la vérité du monde et du temps comme transcendances[33].

En quel sens le langage peut-il alors recéler un mode d'apparaître qui l'arrache à cette pauvreté et à cette finitude constitutives ? S'il y a un apparaître qui oriente d'emblée l'articulation langagière en direction de l'extériorité du monde[34], il y a aussi un "faire-voir" du langage qui actualise et accomplit d'emblée l'expérience de ce qui est vu. C'est ce mode d'apparaître que M. Henry repère à même le "texte" des Evangiles : "D'entrée de jeu il est vrai, le texte du *Nouveau Testament* se donne comme différent de tous les autres, et cela en raison de sa provenance divine".[35] Seule la Parole de Dieu est au sens strict *performative* : seul le texte évangélique fait d'emblée événement, et ce, du fait même que le Logos divin n'est pas de ce monde. C'est dire qu'écriture et expérience y coïncident, au point que l'on ne puisse plus trancher pour savoir si le texte délivre une expérience ou si l'ex-

31 - *Op. cit.*, p. 15.
32 - *Op. cit.*, p. 18.
33 - *Op. cit.*, chapitre 1.
34 - *Op. cit.*, p. 18-19.
35 - *Op. cit.*, p. 269.

périence tout entière se donne comme texte. A ce stade, on peut en effet présumer que l'alternative posée au début entre texte et expérience, et reprise ici, n'a plus d'objet[36].

Plus précisément, l'analyse du texte des Evangiles révèle deux niveaux d'énonciation, dont l'un est un discours rapporté par les disciples, dont l'autre est l'énonciation entre guillemets du Christ lui-même. C'est ainsi que M. Henry distingue deux paroles, dont l'une est humaine et limitée, dont l'autre est divine et absolue, paradoxale et énigmatique parce que déconcertante au regard de la rationalité discursive humaine, et à ce titre condition de possibilité de la première[37]. Au sens strict, on a affaire ici à un langage transcendantal, celui-là même que Fink appelait de ses vœux dans la Sixième Méditation[38], et dont le *Logos* johannique offre au phénoménologue un paradigme propre à situer ce qu'une écriture phénoménologique *stricto sensu* peut et/ou doit être. Dans l'affirmation selon laquelle la Parole en question est Vie, il y a tout le pari d'un langage où *dire, faire et être en viennent à coïncider* : “À la parole est attribué en général un pouvoir. Celui-ci atteint son plus haut degré lorsqu'il reçoit une signification ontologique. C'est alors le pouvoir de créer, c'est-à-dire proprement d'instituer dans l'être. Ainsi l'acte de nommer les choses aurait-il la propriété de les faire exister”.[39]

Pourtant, M. Henry limite de deux manières la portée de ce langage transcendantal absolu : d'une part, la parole finie (du monde) porte toujours en sous-main un tel idéal langagier. L'il-

36 - La définition de l'écriture comme acte reçoit ici toute sa force, en étroite proximité avec la théorie linguistique austinienne de l'énoncé performatif opposé à l'énoncé constatif.

37 - *Op. cit.*, p. 272-273.

38 - *VI. Cartesianische Meditation, op. cit.*, § 10.

39 - *C'est moi, la vérité, op. cit.*, p. 276.

lusion du langage du poète génial en est la preuve[40] : illusion transcendantale propre au langage ? D'autre part, le *Logos* même des Evangiles n'est au fond absolu que s'il sert de support possible à une expérience intime de la Vie en nous : " Celui qui écoute cette parole des Ecritures sait qu'elle dit vrai *pour autant que s'auto-écoute en lui la Parole qui l'institue dans la Vie.*"[41]

Que conclure de l'analyse ? Le langage est-il rien ou tout ? La thèse d'une coïncidence transcendantale à soi du Dire lui-même, qui rejoint d'ailleurs, non la lettre, mais l'esprit de l'avancée-limite de Levinas dans sa pratique de l'écriture a-t-elle pour effet d'exacerber la tension non-résolue des contraires ? En d'autres termes, tabler sur une pure coïncidence transcendantale du Dire et de la Vie peut-il relever d'autre chose que d'un idéal régulateur, parfois atteint, mais souvent vécu comme inaccessible[42] ? Où se situe le caractère phénoménologique du langage ? Est-ce dans cette pure transcendantalité vécue de la coïncidence ? Est-ce dans l'épreuve répétée du désaccord qu'il y a entre l'inadéquation du langage à dire l'expérience dans sa singularité absolue et la tension incessante à capter la dite singularité ? En d'autres termes, est-ce dans la temporalité d'une telle coïncidence toujours anticipée mais jamais effectuée, est-ce dans la temporalité singulière du retard constitutif du Dire ?

b. Une écriture de la coïncidence ?

Comment, chez M. Henry, ces difficultés se manifestent-elles sur le plan de l'écriture en acte ? Nous limitant ici à l'écri-

40 - *Op. cit.*, p. 276-277.

41 - *Op. cit.* p. 288.

42 - Dès *Phénoménologie matérielle* (*op. cit.*, p. 131), M. Henry opposait déjà au *logos* grec la Parole de la Vie comme Dire de la subjectivité absolue et " Verbe qui vient en ce monde".

ture dite philosophique, nous n'aborderons pas sa pratique de romancier, quoique l'on puisse noter, de façon générale, un commun souci de sobriété et de neutralité dans les deux registres d'écriture, qui paraît à première vue s'opposer à l'écriture lévinassienne de l'hyperbole emphatique.

A prêter attention au mode d'écriture à l'œuvre dans les ouvrages philosophiques, on est frappé, de prime abord, par son caractère *quasiment* tautologique, notamment aux moments les plus cruciaux de l'analyse[43]. Or tautologie peut s'entendre en deux sens : d'une part, il s'agit d'un "vice logique", qui donne du sens à une proposition dont le prédicat ne dit rien de plus que le sujet. Au sens strict, on dit deux fois la même chose. On peut ainsi accentuer la tautologie par la structure de répétition de l'énoncé ; d'autre part, il s'agit également, dans la logique modale au XXème, d'une proposition complexe qui reste vraie en vertu de sa forme seule, quelle que soit la valeur de vérité des propositions qui la composent. On a là affaire à un langage formel dont la vérité absolue se mesure à son indépendance au regard du monde de l'expérience. En fait, l'écriture de M. Henry

43 - Deux exemples, pris comme au hasard : *Essence de la manifestation, op. cit.*, p. 151 : "La possibilité interne du rapport transcendantal de l'être-au-monde réside dans le fait qu'il n'est pas un simple 'rapport' au sens ordinaire, mais un 'se rapporter-à', de telle manière que dans ce 'se rapporter-à' et par lui, c'est le rapport lui-même qui se rapporte à ce à quoi il se rapporte." ; *Phénoménologie matérielle, op. cit.*, p. 131 : "Toute Parole est parole de la vie. Ce qui se montre dans cette Parole, ce qui rend manifeste, c'est la vie elle-même, c'est l'auto-révélation pathétique de la subjectivité absolue qui est le Dire. Ce qu'elle dit, c'est elle-même, c'est la détermination pathétique dont chaque forme de vie est l'auto-révélation. Ce dont elle le dit, c'est d'elle-même, de cette détermination qu'elle est elle-même. Elle ne dit pas ce qu'elle dit à partir d'autre chose dont elle le dit, elle le dit à partir d'elle-même. Voilà donc ce que signifie la Parole de la Vie : faire voir en montrant en ce qu'elle dit ce dont elle le dit. 'Faire voir' : révéler, dans l'auto-révélation pathétique de la vie, de cette façon dont viennent toutes choses en nous, avant tout voir concevable, hors de tout monde possible. 'En ce qu'elle dit' : dans sa chair pathétique". "'Ce dont elle le dit' : cette propre chair. Ainsi de la souffrance, de la douleur, 'claire' à elle-même en tant qu''obscure' [...], c'est-à-dire révélée à elle-même dans son affectivité et par elle, en tant que douleur. Le langage est le langage de la vie réelle."

tout à la fois répond et ne répond pas à ces deux déterminations de prime abord antagonistes. Elle y répond, parce qu'il est bien vrai qu'elle joue, pour emporter la conviction, sur l'effet d'insistance procuré par la répétition du même, mise en relief par les guillemets et les deux points dans le second extrait, et gagne par là même l'universalité possible de sa vérité[44]. Elle n'y répond pas, parce que, à y regarder de plus près, elle ne maintient évidemment pas jusqu'au bout, même dans les passages les plus limites, cette attention strictement tautologique : l'écriture se déploie, fût-ce *a minima*, et implique ainsi en elle une structure hétérologique. Par ailleurs, s'il est tentant de rapprocher langage transcendantal et langage formel analytique, il n'en reste pas moins que la qualité expérientielle immanente fait défaut à la seconde alors même qu'elle constitue la première.

Le "langage de la vie réelle"[45] est un langage qui recherche la coïncidence maximale à soi sur le plan de son expérience immanente en acte, mais qui génère immanquablement à partir de lui-même des modes spécifiques de progression. Le caractère tautologique de l'écriture est ainsi lui-même une modalité pos-

44 - A cet égard, l'emphase levinassienne répond à la même logique de dégagement de la vérité par insistance et intensité du régime d'écriture.

45 - De même que Husserl fait du langage intentionnel de la perception le véritable "langage" phénoménologique, distinct de toute langue articulée et discursive, le langage originel (transcendantal) dont est en quête M. Henry n'est pas non plus d'ordre langagier, si l'on entend par langage une articulation donnée dans une langue donnée. De son aveu même, il ressortit à un langage qu'il hésite à qualifier de langage car c'est celui-là même du *pathos*, de la douleur et de l'affection. Mais cette distinction reste théorique. Sur le plan de la pratique de l'écriture, il montre comment l'écriture est le lieu effectif d'une expérience du corps. Il y a une épreuve charnelle et affective de la main écrivant, de sa rythmique, comme il y a une épreuve de la phonation interne, de la respiration, tout comme, déjà, Maine de Biran insistait sur l'épreuve corporelle de la marche. (Je tiens ici à remercier chaleureusement M. Henry d'avoir accepté, lors de la discussion qui suivit la version exposée de ce texte à l'Université de Montpellier en novembre 1996, d'accompagner et de prolonger la présente réflexion par ses propres remarques.)

sible de l'altération constitutive de toute discursivité. En d'autres termes, pratiquer un "langage de la non-distinction" implique de procéder à des différenciations internes[46]. Outre le fait que la dimension tautologique n'apparaît pas à tout instant mais renvoie à des moments particulièrement denses dans l'élaboration discursive de l'expérience, elle révèle, de par l'intensité de sens qu'elle suscite, un processus d'intensification de l'expérience (tout à la fois expérience dans le langage et du langage) qui introduit originairement, comme dirait Levinas, l'autre dans le même.

En d'autres termes – et ce point se cristallise encore d'une autre manière dans *C'est moi, la vérité* –, l'impression, à la lecture, de sur-place ou de ressassement traduit une expérience de creusement du sens qui ressortit à une ouverture interne du langage et au langage. Dans l'ouvrage de 1996, la chose se complique encore (ou se simplifie, c'est selon) du fait de la mobilisation expresse d'un type de langage – le *Logos* divin tel qu'il est d'emblée révélé dans les Paroles du Christ – qui sert d'étalon au langage transcendantal recherché et par instants effectivement atteint par l'auteur. Langage auto-suffisant certes, où l'expérience tout entière est contenue parce qu'il est lui-même expérience absolue, mais qui n'est approché, dans ce dernier texte du moins, qu'à partir d'un régime de citations. La Parole divine est citée, mise en exergue[47].

Son caractère transcendantal tient à son auto-suffisance, c'est-à-dire au fait qu'elle fait l'objet d'un rapport immédiat par Jean, qui ce faisant s'annule aussitôt comme rapport. Elle est citée par l'auteur, ce qui revient à lui conférer le statut d'un pur

46 - *C'est moi, la vérité, op. cit.*, p. 44.
47 - *Op. cit.* p. 147 : "Ma chair, ma chair vivante est celle du Christ. Ainsi parle Celui dont Jean rapporte la parole : 'C'est moi qui suis la porte : celui qui entrera par moi [...] il ira et il viendra trouver pâture [...]' (Jean, 10, 9)".

Dire porteur d'absolu car lui-même absolu, et à produire par conséquent une dénivellation de registre par rapport à l'écriture de l'auteur lui-même. Dans les termes mêmes de Levinas, cela équivaut à insister sur la distinction corrélative du Dit et du Dire. Pourtant, M. Henry épouse dans la citation donnée le mouvement même de ce langage absolu en s'y inscrivant par avance dans sa formulation à la première personne, qui anticipe *sur le même mode* la citation ultérieure. L'écriture pratique ainsi un ajustement infinitésimal à la mesure du langage transcendental tout en s'en démarquant mais, aussitôt, en ne cessant de l'épouser. Jeu complexe, où il y a plus qu'une "corrélation" statique de Dit et de Dire, mais où le Dire n'absorbe pour autant jamais abolument le Dit, puisque l'on peut dire que la Vie auto-affective est Dire dans la mesure même où elle se rapporte à elle-même. Dans ce rapport à soi, il y a la possibilité interne de l'altération.

3. Le Dire comme phénomène

a. Des écritures motrices de l'intuition philosophique

E. Levinas et M. Henry se retrouvent autour de l'intuition forte selon laquelle l'écriture phénoménologique est celle qui "fait voir". Ecrire revient tout à la fois à faire et à être. Tous deux visent au fond une coïncidence du Dire et du Voir, qui passe par l'hyperbole chez l'un, par la tautologie chez l'autre. A ce titre, l'écriture joue chez l'un comme chez l'autre un rôle moteur de l'intuition majeure de l'Autre comme transcendance ou de la Vie comme auto-affection. En ce sens, ils confirment chacun à leur manière le premier critère de la teneur phénoménologique de l'écriture que nous avions décelé à partir de Sartre et de Merleau-Ponty, à savoir la qualité intuitive de l'expérience instauratrice d'un Dire à sa mesure.

Au fond, l'expérience fondamentale, de l'Autre, de la Vie, porte une écriture qui se fait alors motrice de l'expérience en question. Mais une telle circularité, qui finit par annuler totalement la distinction entre langage et expérience, est-elle constitutive de l'écriture phénoménologique ? N'y a-t-il pas, chez Hegel déjà, la recherche d'une coïncidence absolue de l'expérience et du logique ? La résolution dialectique d'une telle tension est-elle l'horizon ultime de la phénoménologie en son Dire, ou bien n'y a-t-il pas là, dans l'exacerbation même de la tension, dans le maintien intensifié d'une dualité, une fécondité intrinsèquement phénoménologique ?

B. Des écritures absolues ?

En d'autres termes, une écriture de l'absolu au sens subjectif du génétif – une écriture absolue – peut-elle échapper à l'objection bien connue d'un nécessaire Dehors du langage ? Les deux phénoménologues sont, à des titres contrastés, pris dans cette tension, et conscients d'elle. Partant de la primauté d'autrui, Levinas finit par saturer l'expérience dans l'écriture. Prenant son départ dans l'auto-affection de la vie, M. Henry maintient un écart infime qui fait que le langage, restant l'expression intérieurement décalée de la vie, épouse la vie dans sa dynamique interne. Le chiasme que révèle les deux parcours proposés est à la mesure de la contradiction féconde que ne cesse de nous poser l'écriture phénoménologique, écriture qui fait événement dans le moment même où elle s'auto-limite par rapport au dit événement.

En dernière instance, ce qui est en jeu à travers une telle expérience de l'écriture comme expérience de l'absolu, c'est la mise au jour d'un temps fort paradoxal de déploiement d'une telle écriture (tout uniment, d'une telle expérience). Cette temporalité de l'acte d'écrire court-circuite à l'évidence la successivité linéaire avant-après que révèle pourtant en dernière instance la consignation écrite, contingente et mondaine, des énoncés. Mais, comme l'on sait, la phénoménalité se situe dans le mode d'apparaître de l'écriture, dans sa dynamique de surgissement, plutôt que dans le contenu effectif qui se trouve couché par écrit. Or la temporalité d'une telle dynamique d'émergence renvoie, ainsi que le dernier Husserl en eut l'intuition claire dans sa *praxis* de l'écriture, à une forme d'antécédance de l'acte même d'écrire sur la naissance du sens, qui met hors-jeu l'impression (mondaine) d'irréversibilité linéaire que l'on a souvent à la lecture d'un texte. Sans revenir pour autant à une pure circularité d'ordre dialectique, l'auto-antécédance de l'acte d'écrire fait naître le sens au moment même où le geste de l'écriture se donne. Aussi cette auto-antécédance revient-elle à une forme de *quasi*-coïncidence de l'écrire et du sens, dont, au fond, E. Levinas et M. Henry nous offrent des témoignages distincts mais convergents.

Chapitre VII

L'ÉCRITURE COMME ACTE :
LES RÉQUISITS D'UNE ÉCRITURE PHÉNOMÉNOLOGIQUE

PAR DELÀ l'alternative désormais courante entre l'ordre univoque du concept et l'ordre polysémique de la métaphore, une troisième voie s'offre à quiconque fait de l'écriture une pratique d'exploration du monde phénoménal. Cette troisième voie ne prétend pas dépasser ni rejeter dans l'inessentiel cette alternative, qui entraîne inévitablement avec elle la confrontation entre le philosophique et le poétique. La voie que nous cherchons à faire valoir s'efforce néanmoins de sortir de la configuration de pensée qui veut voir dans une telle alternative deux branches opposées et exclusives, comme si ces deux branches n'étaient pas au fond issues d'un même tronc, à savoir la qualité d'attention et le soin apportés au mode d'expression d'une pensée dans l'acte de l'écrire. Elle cherche plutôt à les reconduire à leur unité, c'est-à-dire, plus encore qu'à leur seul tronc commun, à leurs racines, par principe plurielles.

En effet, l'écriture phénoménologique est dotée de plusieurs racines. L'une d'elles, déterminante, est l'écriture *philosophique* elle-même, régie par un certain nombre de règles logiques de prédication et de judication elles-mêmes issues de la logique à l'œuvre d'Aristote à Leibniz compris. On a affaire à un certain art de l'énonciation dictée par la norme interne de la correction formelle, qui procède de la rhétorique aristotélicienne, et qui se réfère en dernier instance à la norme du "bien penser".

Une autre de ces racines correspond à l'écriture *scientifique*, dont le réquisit est l'absolue transparence et l'univocité complète des symboles algébriques : dans ce contexte, l'écriture va jusqu'à s'effacer au profit du "message démonstratif" qui s'y trouve transmis ; une troisième racine, enfin, est l'écriture *poétique*, qui cultive avec fécondité la règle de la polysémie au moyen d'un certain nombre de figures, rhétoriques et stylistiques.

L'écriture philosophique a ceci de commun avec l'écriture poétique qu'elle use des ressources rhétoriques de la langue naturelle, mettant en œuvre des "images" dans sa pratique descriptive ou bien usant de figures qui intensifient la pensée : pensons par exemple à l'emphase ou à l'hyperbole. Néanmoins, c'est moins avec le souci de faire jouer le sens pour lui-même et avec lui-même selon une légalité de finalité sans fin, que pour convaincre – objectivement – et non pas seulement persuader – subjectivement – l'autre de la vérité de la thèse proposée et entraîner son assentiment.

Mais par ailleurs, l'écriture philosophique partage avec l'écriture scientifique l'attention portée à une rigueur maximale de l'univocité de l'expression, laquelle seule peut prétendre à la nécessité et à l'universalité, c'est-à-dire à la recherche de la vérité objective.

2. Sortir de la gangue des modes d'écriture connus ?

Quels seront, sur cette base, les caractères spécifiques d'une écriture que l'on dira *phénoménologique* ? Comme l'écriture philosophique en général, elle fait droit, de façon plus ou moins marquée selon les auteurs, à cette double contrainte de la *rhétorique* issue de la langue naturelle et de la *rigueur* en quête d'univocité procédant de la langue formelle.

Plus précisément, on est en fait en présence d'un double héritage : l'un, husserlien et inaugural, procure son fondement à la phénoménologie en l'inscrivant sous le patronage complémentaire de la mathématique et de la psychologie ; l'autre, heideggerien et comme "re-fondateur", confère à la phénoménologie la mission de s'affranchir du concept en confiant à la poésie la tâche d'assurer en dernière instance une telle relève du philosophique.

Aussi apparaît-il que la contrainte rhétorique et, plus précisément ici, poétique, pèse d'un poids de plus en plus déterminant dans l'écriture phénoménologique contemporaine (notamment française) : elle entraîne une valorisation dite "phénoménologique" des effets de polysémie, de brouillage et de contamination dont J. Derrida s'est fait le défenseur selon une filiation même critique par rapport à Heidegger, tandis que la contrainte de la rigueur univoque passe pour une détermination quelque peu archaïque issue d'un souci formaliste non lesté en expérience.

La réalité des phénomènes est certes plurivoque voire indéfiniment ouverte, complexe voire ambiguë, et l'écriture qui se donne pour tâche de l'épouser au plus près se doit de la respecter dans son caractère natif en en faisant ré-émerger les nervures intrinsèques. Une écriture phénoménologique est de fait une écriture qui cherche à se lover dans les coins et les recoins de l'expérience des choses elles-mêmes. Mais pourtant pas au prix de l'obscurité, ni de la surenchère à la complexité, laquelle devient rapidement complication.

La contrainte proprement poétique correspond à l'évidence à un moment historial, comme tel nécessaire, de la détermination du phénoménologique aujourd'hui. Le mode d'écriture pratiqué par le phénoménologue contemporain M. Richir en témoigne par exemple nettement. Elle contient néanmoins en elle un risque qui procède d'une opacité interne, laquelle tient à la transposition non-réfléchie des outils formels de la poétique dans le mode d'expression philosophique de type phénoménologique. Mais *a contrario*, plaider pour un retour à la transparence expressive des Classiques (laquelle n'est d'ailleurs rien moins qu'un mythe, dans la majorité des cas...) témoigne d'un aveuglement réactif à la constitution effective de l'écriture phénoménologique dans l'horizon contemporain.

3. Quelle conception de l'écriture ?

Cependant, parler d'"écriture" phénoménologique plutôt que de langue ou de langage (*Sprache*), de discours ou de parole (*Rede*) ou encore de style (*Stil*) implique de préciser ce que nous retenons sous ce terme d'écriture et comment nous nous situons par rapport aux pensées récentes qui ont mis cette notion au premier plan.

Dans *Le degré zéro de l'écriture*[1], R. Barthes ouvre la voie à une approche de la littérature inscrite tout à la fois sous le signe du structuralisme et du marxisme. De façon assez inaugurale, il assigne à l'écriture un rôle déterminant, en la distinguant de la langue, notre fonds commun empreint de la familiarité ancestrale de ce qui ne se remarque pas, et du style, notre idiosyncrasie subjective, émanant de nos entrailles et dessinant les contours bruts de notre mythologie privée. Entre langue et style, qui appartiennent tous deux au côté sauvage et aveugle de la nature, il y a selon Barthes cette réalité de l'écriture qui signe l'entrée de l'homme dans l'histoire et dans la société. En d'autres termes, elle instaure l'ancrage du langage dans la réalité sociale et intersubjective. D'où le fait que l'écrivain soit une figure qui remplit une fonction sociale.

De cette délimitation conceptuelle de l'écriture, on retiendra son caractère pratique, acte reliant les hommes entre eux et produit d'une histoire commune. Pourtant, on ne partagera pas la détermination exclusivement sociale et historique de ce concept, dans la mesure où on s'intéressera prioritairement à la *praxis* d'un individu donné, voire aux effets de l'interpersonnalité dans l'écriture plutôt qu'au contexte d'inscription sociale de laquelle elle émerge.

Dans un tout autre contexte quoique procédant d'une réflexion approfondie sur le statut philosophique du langage et du *logos*, l'avancée déconstructiviste de J. Derrida consiste à revaloriser l'écriture par rapport à la parole et à l'expression vocale en

1 - R. Barthes, *Le degré zéro de l'écriture*, Paris, Seuil, Points, 1953, 1972.

général. Dans *L'écriture et la différence* et dans *De la grammatologie*, tous deux publiés en 1967, l'auteur s'emploie à démonter le privilège accordé au signifiant phonique, soi-disant plus proche de l'intériorité de la conscience, et dont le signifiant graphique ne serait que la consignation dérivée, la transcription seconde. A ce titre, phonocentrisme et logocentrisme participent de cet abaissement de l'écriture, indigne de contenir en elle-même ne serait-ce qu'une part de vérité première.

Aussi le promoteur de l'écriture plaide-t-il pour une conception de la trace comme originaire, préalable à toutes les oppositions langue/pensée, significant/signifié. De plus, dans une telle conception, l'écriture avoue sa passivité première d'empreinte reçue et non décidée. Nous héritons de l'écriture, qui nous précède toujours déjà à titre de synthèse primordiale des différences.

Si l'on ne peut que souscrire à cette réhabilitation de l'écriture comme dynamique motrice de la pensée et non issue d'elle à titre second, nous nous séparons de J. Derrida au moment où il affirme le caractère originaire de l'acte écrire, dans la mesure où coexistent aussi, à côté de cette pratique scripturaire, d'autres pratiques expressives, non nécessairement langagières d'ailleurs, comportement animal, rythme de l'univers, formalisme mathématique qui peuvent tout autant prétendre à l'originalité, sinon à l'originarité. En tout état de cause, une telle surenchère à l'originaire ne peut que laisser sceptique.

Aussi situons-nous le concept phénoménologique d'écriture que nous revendiquons dans la filiation complémentaire des avancées de J.L. Austin, de W. Iser et de E. Gendlin[2]. Le

2 - J.L. Austin, *How to do Things with Words*, Oxford U.P., 1962 ; E. Gendlin, *Experiencing and the Creation of Meaning, A philosophical and Psychological Approach to the Subjective*, *op. cit.* ;

premier est bien connu pour avoir, dans la filiation de K. Bühler, élaboré la notion d'"acte illocutoire" : l'énonciation de la phrase elle-même constitue un acte. Parler est un acte à part entière. D'où la distinction entre le constatif et le performatif, où s'opère le passage de la simple description comme représentation à l'acte de décrire comme processus d'effectuation d'une action ; le second a ouvert la voie, avec Jauss, à la "théorie de la réception", en s'intéressant avant tout à l'effet que provoque une œuvre littéraire sur son lecteur. L'œuvre tient donc tout entière, dans sa vérité et sa beauté, à l'inter-action qu'elle contient déjà en elle avec son lecteur implicite et potentiel. En d'autres termes, lorsque l'on écrit, on s'adresse inévitablement à quelqu'un : l'écriture est un acte d'emblée intersubjectif ; le troisième, E. Gendlin, a mis au centre de sa quête la description fine de ce moment fragile de l'émergence du sens langagier donné à un sujet depuis la sphère pratique et traversée d'habitus du pré-conceptuel, de l'anté-prédicatif dans laquelle il vit au quotidien sur un mode tacite.

Ces trois perspectives peuvent de prime abord paraître hétérogènes, du fait de l'objet retenu : parole comme acte, effet sur le lecteur, genèse du langage. Leur commun dénominateur réside dans l'attention qu'il porte tous trois à la pratique, qu'il s'agisse d'acte, d'effet ou bien de genèse. Tous trois interrogent le phénomène langagier depuis un ancrage que l'on pourrait qualifier *lato sensu* de pragmatique. C'est un tel pragmatisme que nous cherchons à ré-investir dans notre hypothèse de recompréhension de l'écriture phénoménologique.

W. Iser, *Der Akt des Lesens*, München, Wilhelm Fink Verlag, 1976.

Par conséquent, en rester à ces deux contraintes énoncées plus haut d'une poétique polysémique qui informerait le phénoménologique et lui permettrait de dire le relief inépuisable des phénomènes, et d'une rigueur univoque qui réduit la démarche phénoménologique à une "science rigoureuse" apodictique, ne permet pas de définir la spécificité d'une écriture *phénoménologique.*

Il convient plutôt de renvoyer dos à dos ces deux contraintes, tant elles manquent l'une et l'autre la gravité du phénomène en en assumant une part seulement. Témoigner d'une telle gravité revient en fin de compte à cultiver une attention de tous les instants au mode d'énonciation lui-même. Quelle est la nature de cette attention, et quelles formes concrètes prend-elle dans le cadre d'une *praxis* effective de l'expérience qu'est écrire ?

4.1. Premier réquisit : une écriture qui s'efface derrière l'expérience qu'elle amène à cristallisation

L'exigence initiale d'un *retrait* constitutif de l'expression sur le vivre se déploie selon deux versants étroitement corrélés : 1.1, un geste d'*époché* ; 1.2., une activité de remplissement intuitif.

4.1.1. Le geste d'*époché* : suspension et réduction

On prendra soin à l'événement de l'engendrement du sens en en retardant la cristallisation écrite, de façon à ne pas en précipiter, à ne pas en biaiser l'advenue. En premier lieu, une pratique de la *suspension* correspond à un geste mental d'interruption du mouvement spontané qui nous porte à noter par écrit dès que nous "tenons" semble-t-il une idée dans sa formulation juste ; on se retient d'écrire et on laisse mûrir le sens en en retardant l'expression.

En second lieu, une pratique de la réduction, à savoir de conversion réflexive de l'objet (le texte écrit) en direction de l'acte de conscience qui le vise (le processus d'avènement du sens comme avènement expressif) sous-tend à chaque moment le processus même de genèse d'une écriture. Il n'y a donc pas – on l'aura compris – la recherche du sens puis l'expression de ce sens, dans la mesure même où la réduction permet de privilégier l'acte d'écrire comme antécédant l'avènement même du sens.

4.1.2. L'activité du remplissement intuitif

Par ce geste premier et double de l'*épochè*, on crée la condition nécessaire qui permet de s'assurer à chaque instant que chaque mot, chaque phrase, chaque paragraphe est bel et bien porté par ce que l'on peut appeler le "voir de l'intuition".

Si tel est le cas, seul un critère intuitif interne, qui ressemble fort à une certitude apodictique, permet alors d'affirmer que l'écriture en question possède la vertu insigne de "faire voir".

Tel est sans doute le réquisit premier et dernier d'une écriture phénoménologique, réquisit tout à la fois d'une simplicité native et d'une redoutable complexité dans l'exercice et la vigilance constante qu'elle suppose.

4.2. Deuxième réquisit : une écriture qui porte l'expérience qu'elle fait partager

Exercer une telle vigilance à l'endroit du remplissement intuitif expérientiel au moment même où l'on écrit entraîne à l'évidence que l'on porte une attention toute particulière à trois modes principaux de *concrétisation* de l'écriture philosophique.

En effet, quand il s'agit d'une écriture que l'on dira phénoménologique, l'enjeu est de taille puisqu'il s'agit bien d'une *écriture de l'expérience*, d'une écriture dont le lest singulier est le poids des phénomènes eux-mêmes, et non de l'articulation seulement formelle de concepts liés par leur cohérence interne les uns avec les autres.

Ces modes de concrétisation de la description sont bien connus : 1) l'usage d'images frappantes, qu'il s'agisse de mots simples ou d'expressions plus complexes ; 2) l'appel à des exemples, qu'ils soient ponctuels ou qu'ils forment une petite histoire, à savoir une séquence narrative ; 3) le rythme temporel du déploiement de l'expérience décrite.

4.2.1. La qualité du remplissement expressif

Comment contrôler en premier lieu l'émergence inévitable – et nécessaire – des images lorsque l'on écrit en phénoménologue ? Comment ne pas les réduire purement et simplement à de quasi-concepts, sans pour autant les laisser flottantes et sauvages, objets de fascination plutôt que facteurs d'intelligibilité ?

À cet égard, on a affaire à un double processus possible : soit la genèse lente et graduelle d'un concept se produit sur la base d'une image native, soit c'est l'attention soutenue et maintenue à une image qui transforme celle-ci en concept. En tout état de cause – et le constat est bien entendu d'inspiration nietzschéenne –, l'enracinement sensible du concept est le plus souvent non-réglé, c'est-à-dire irréfléchi.

Il suffira de mentionner quelques cas bien (ou moins) connus parmi les phénoménologues : la notion de "chair" chez le dernier Merleau-Ponty ; on pourrait lui adjoindre le "scintillement" levinassien, le "clignotement" chez Marc Richir, ou encore le couple idole/icône élaboré par J.-L. Marion. Dans tous ces cas, on a affaire à des moments-limite du conceptuel. Ces termes sont d'ailleurs introduits et travaillés pour combler une déficience de la conceptualité existante et ouvrir sur de nouvelles potentialités de pensée. À ce titre, ils témoignent de l'inventivité et du renouvellement interne de la langue philosophique mais ne sont pas pour autant réfléchis dans leur provenance concrète. Or, seul le ressaisissement réfléchissant de la dynamique même de leur émergence sensible, tout à la fois affective et kinesthésique, pourrait permettre de comprendre comment naît une écriture phénoménologique.

4.2.2. La validation intersubjective de l'expérience décrite

Comment régler en second lieu l'usage des exemples, de façon à ne pas les réduire à des illustrations dérivées d'un propos conceptuel déjà *a priori* verrouillé, sans pour autant en faire le moteur unique de la description phénoménologique, laquelle se doit de disposer d'un certain nombre de catégories structurantes ?

Le double obstacle à éviter est le suivant : 1) l'usage purement instrumental ou seulement didactique de l'exemplification ; 2) son statut d'impulsion unique, laquelle risquerait alors donner lieu à une phénoménologie dépourvue de règles de catégorisation et de structuration de l'expérience décrite.

Assurément, des ressources non-négligeables sont à puiser dans l'eidétique telle que Husserl l'a mise en place, y compris dans le réaménagement singularisant et pluralisant qu'elle impose. Au fond, une telle eidétique renouvelée devrait tirer un profit conjugué du souci d'exemplification à l'œuvre tant chez Sartre que chez Merleau-Ponty, et du soin catégorial qu'apporte Hussserl à sa pratique analytique de la description. L'attention aux exemples concrets des phénoménologues français alliée à la rigueur analytique husserlienne devrait permettre de pallier les deux défauts corrélatifs que sont d'une part le flottement ou le bougé conceptuels et d'autre part l'abstraction descriptive.

Se donner pour objectif de renouveler l'eidétique en la mettant au service d'une pratique réglée de la description phénoménologique revient à mettre en œuvre une exemplification attentive à la singularité mais soucieuse de sa rigueur catégoriale.

4.3. Troisième réquisit : la temporalité de l'acte d'écrire

Enfin, l'acte de décrire une expérience à l'aide d'images ressourcées à leur force corporelle native et singularisée par une exemplification réglée s'inscrit dans une temporalité qui ne peut sans risque coïncider purement et simplement avec la temporalité de l'expérience vécue elle-même. L'écriture de la dite expérience possède son temps propre, ses tours, des détours et ses retours.

La temporalisation à l'œuvre dans le processus descriptif ne ressortit en rien, on l'a dit et redit, à l'exposition toute prête d'un sens en concepts qui serait un résultat consigné par écrit après coup. On sait par ailleurs que l'écriture n'est jamais seule motrice d'un sens à venir et totalement imprévu : on dispose toujours par avance de catégories qui viennent s'imposer d'elles-mêmes pour formuler la vérité de l'expérience vécue.

L'avènement de l'écriture descriptive procède ainsi en des allers et retours multiples entre le langage dont on dispose, les concepts, les images, les exemples et l'ajustement le plus fin, le plus juste possible à ce qui a été effectivement vécu. Un double mouvement temporel préside à ces allers et retours : 1) les mots viennent souvent formuler à notre insu ce que l'on ne parvenait pas à dire ; c'est là que l'écriture est motrice du sens et offre de l'in-attendu, de la surprise ; 2) les catégories dont on dispose ont par avance fourni le cadre préparatoire général d'avénement du sens singulier présenté dans telle formulation donnée, et ont par là anticipé dans leur cadrage d'ensemble ce qu'elles ne pouvaient pourtant pas faire advenir dans sa qualité singulière.

Au fond, le rythme temporel de l'écriture phénoménologique, de type non-linéaire, est celui d'une anticipation du sens et d'un in-attendu absolu de la formulation expressive singulière, temporalité qui fait de l'acte d'écrire un moteur et un producteur de nouveauté sur le fond d'un cadrage général toujours déjà anticipé. Ce que nous nommons du terme d'"auto-antécédance".

On peut donc, pour conclure cette hypothèse de travail, distinguer trois réquisits principaux d'une écriture phénoménologique revendiquée dans son opérativité pratique :

1) une attention suspensive et réductive (*épochale*) portée à la *dynamique d'engendrement des images* permet de s'assurer de la vivacité expérientielle de ce qui devient alors en toute légitimité concept. Le texte écrit se donne comme le support vivant d'une expérience, en dernière instance toujours corporelle, présente en chacun des mots couchés sur le papier. Le "voir" de l'intuition régit et règle l'avènement expressif juste des termes.

2) l'usage des exemples est régi par une double contrainte d'universalité et de singularité, qui *tout à la fois fait droit à la catégorisation disponible et à la force d'unicité de l'exemple mobilisé.*

3) le déploiement temporel de l'écriture procède d'une anticipation générale des catégories existantes qui rend possible la surprise que révèle à chaque fois l'acte singulier qu'est écrire. En ce sens, il y a *antécédance motrice de l'acte d'écrire* sur le sens visé, laquelle se cristallise dans les moments les plus heureux par une *quasi-coïncidence de l'acte d'écrire et de l'expérience vécue*[3].

3 - La méthode pratique ici dessinée à propos du processus à l'œuvre lorsque l'on écrit en phénoménologue reprend directement dans ses réquisits la méthodologie procédurale de l'accès à l'expérience subjective avancée dans *On becoming aware. A Pragmatics of Experiencing / À l'épreuve de l'expérience. Pour une pratique phénoménologique*, ouvrage écrit en commun par N. Depraz, F.J. Varela et P. Vermersch, MIT Press, à paraître en 1999. L'activité d'écriture est d'ailleurs un des exemples qui donnent un cadre concret d'inscription possible à la description de la conscience *in statu nascendi* proposée dans cet ouvrage.

Appendices

LA QUESTION DU LANGAGE CHEZ PLATON

Une piste pour linguistes… et poètes.

Pourquoi consacrer une étude à la question du langage chez Platon dans une publication qui couvre avant tout le champ de la *science du langage* (*Dil-bilim* est le correspondant de Sprachwissenschaft), c'est-à-dire qui s'intéresse au langage comme à un objet scientifique, requérant une méthode scientifique pour l'appréhender ?

Que vient donc nous apprendre de nouveau sur cet objet une approche strictement *philosophique*, objet que les linguistes revendiquent, comme le leur propre depuis F. de Saussure ? Bref, en quoi Platon, et en l'occurrence le dialogue *Cratyle*, dans sa problématique propre, peut-il nous aider à saisir avec plus d'acuité le sens de la linguistique saussurienne et post-saussurienne, ainsi que l'enjeu de certaine pratique poétique contemporaine ?

Le *Cratyle* s'offre comme le premier grand texte philosophique (le premier grand texte tout court, ni la science, ni la discipline linguistique proprement dite n'ayant à cette époque vu le jour), qui traite du langage comme d'une question ayant la dignité de la vertu *(Ménon)*, du beau *(Philèbe)* ou bien encore de l'être *(Sophiste)*, c'est-à-dire dont il vaille la peine de rechercher l'essence. A ce titre, le dialogue est inaugural. Il constitue le principe d'une tradition, qui a pour tâche première de se situer par rapport à lui.

On peut, en première approximation, cerner le problème du langage chez Platon selon trois axes thématiques qui recèlent quelque convergence :

En premier lieu, le rapport de l'écrit à l'oral dans le discours. Le *Phèdre*, en son moment terminal, dresse un réquisitoire contre le discours écrit, qui provoque l'oubli et la paresse de l'esprit, tandis que le discours oral, non consigné, développe la mémoire, et, par là, la vivacité d'esprit, permettant en outre à la réminiscence de se déployer, réminiscence qui est selon Platon le mode décisif de connaissance : "connaître, c'est se ressouvenir", affirme Socrate en maints dialogues. Cette critique de l'écriture apparaît non seulement gnoséologique, mais aussi polémique, en ceci que les tenants des discours consignés sont représentés par les Sophistes, qui préconisent un mode d'apprentissage rigide fondé sur la répétition des textes écrits, alors que Socrate recommande le développement de l'esprit critique et de la réflexion.

Le second axe concerne le rapport de la pensée et du langage. La position de Platon quant à la question de l'existence ou non d'une antériorité entre pensée et langage est on ne peut plus nette : sa thèse est que la "pensée" est antérieure (logiquement, tout au moins) à sa mise en mots, thèse innéiste avant la lettre, que l'on trouve exposée notamment dans le *Théétète* (189e-190a), où il est fait mention d'un entretien de l'âme avec elle-même précédant toute parole :

"Cette image que je me fais de l'âme en train de penser, n'est rien que celle d'un entretien, dans lequel elle se pose des questions à elle-même et se fait à elle-même des réponses, soit qu'elle affirme, ou qu'au contraire elle nie. [...] Par suite, j'appelle cela 'parler', l'opinion, le jugement, je l'appelle une 'énonciation de paroles', qui à la vérité ne s'adresse pas à autrui, qui ne se fait pas non plus au moyen de la voix, mais silencieusement, et se parlant à soi-même".

Cette thèse d'une antériorité de la pensée sur le langage sera encore celle des Classiques (Descartes, Racine aussi, qui dans la préface de *Bérénice*, s'exprime ainsi : "Ma pièce est prête, je n'ai plus qu'à l'écrire"), avant d'être soumise à une critique virulente par Hegel (dont le mot d'ordre se résume ainsi : il n'y a pas d'ineffable), ou encore par M. Merleau-Ponty au XXe siècle.

Le troisième axe enfin, touche à la relation des mots à la réalité. La question qui vient immédiatement à l'esprit ici est celle de savoir de *quelle* réalité il s'agit: quel est ce réel avec lequel les mots entretiennent un rapport ? S'agit-il de la réalité des *choses* (ce que la linguistique moderne depuis E. Benvéniste a exhibé comme étant le "référent", ce tiers-terme que F. de Saussure avait occulté dans son analyse du signe), ou bien de la réalité des "représentations" (ce que Platon nomme lui les *idées*, le terme de représentation supposant un sujet qui se représente, réflexivité qui n'émerge qu'avec Descartes) ?

La question qui se pose alors d'emblée comme un critère possible de réponse à la première, est celle-ci : quelle réalité détient, dans l'économie de la philosophie platonicienne, le plus de valeur, autrement dit, est la plus "réelle", c'est-à-dire enfin, à *quelle* réalité confère-t-on le plus d'être ? Est bien entendu sous-jacent ici le présupposé d'une équivalence entre le réel, la valeur et l'être.

C'est de la réponse à cette question que dépend le type de réalité avec laquelle les mots sont chez Platon en rapport. Or, on sait que la pensée platonicienne repose sur une séparation *(chorismos)* du sensible et de l'intelligible, séparation qui est aussi hiérarchie.

Ainsi, le sensible est dégradé et ravalé au rang d'apparence *(Phainomenon),* de "fantôme" *(phantasma)* englué dans le devenir, tandis que l'intelligible est relevé comme règne de la permanence et de l'être. Partant, il semble que la seule réalité avec laquelle les mots puissent entretenir un rapport dans ce contexte soit la réalité des *idées (eidé)*, qui sont des formes auxquelles est conféré un maximum d'être. Ainsi, ce qui est interrogé, c'est le rapport de l'idée à sa dénomination, le présupposé étant que ce rapport est d'autant plus correct /droit /juste *(orthos)* que l'idée et le mot qui l'exprime (ou bien l'être et le discours relatif à l'être) sont de même nature. La question étant : qu'est-ce qui a le plus d'être, du mot ou de l'idée, il s'agit bien effectivement d'une question sur l'être. Le mot étant par ailleurs compris par Platon comme un assemblage de sons, c'est-à-dire de "lettres prononcées", participant donc inévitablement au sensible, en tant qu'il est écrit ou prononcé (comme réalité physique), il n'aura d'être que s'il participe d'une manière ou d'une autre à l'*idée* qu'il exprime, c'est-à-dire, s'il conserve de l'idée une part de l'être qu'elle a en propre.

C'est sur le fond de ce présupposé touchant à l'être que le dialogue *Cratyle*, ou "de la justesse des noms", se déploie, en se faisant l'écho de discussions opposant à propos du langage, Antisthène et le sophiste Gorgias, dans le dialogue qui porte le nom de ce dernier.

Le *Cratyle* se présente comme une confrontation entre deux thèses antagonistes : ou bien, et c'est la thèse de Cratyle (et d'Antisthène), l'être se dit naturellement *(phusei)* dans le discours, par adhérence de celui-ci à l'être. De là résulte la "rectitude des dénominations", et l'impossibilité de dire faux. Ou bien, c'est la thèse d'Hermogène (et de Gorgias), il est impossible à l'être de se communiquer et de se dire. Il s'ensuit que le discours forme à lui seul un être qui ne renvoie d'abord qu'à lui-même. Le mot étant une réalité sensible parmi les autres réalités sensibles, on peut le lier par convention *(theséi)* à telle autre chose dont nous avons avec autrui la commune perception : tant qu'on garde la convention le mot garde sa justesse et, là encore, on ne saurait dire faux.

Ces deux thèses sont examinées par Socrate successivement, d'abord celle d'Hermogène (383b-427e), ensuite celle de Cratyle (428a-440e). Le dialogue est, partant, structuré en deux moments de longueur très inégale (3/4-1/4), inégalité qu'il conviendra d'interroger quant à la position de Socrate par rapport à ces deux thèses.

"L'essentialisme n'est pas un conventionnalisme". La thèse de Socrate est la suivante : le mot dit l'essence de la chose, c'est-à-dire qu'il dit l'idée, et c'est ce dire de l'idée qui fait *être* le mot,

comme mot qui n'a d'être qu'en tant qu'il *est* ce dire de l'idée. Est donc requise une "communauté" d'être, ou, tout au moins, une participation originelle et commune à l'être, du mot et de l'idée, qu'Hermogène, avec sa thèse conventionnaliste, met en péril.

En effet, il affirme que "de nature et *originellement* aucun nom n'appartient à rien en particulier, mais bien en vertu d'un décret ou d'une habitude…" (383a). Ainsi, selon lui, le mot n'a aucune communauté originaire avec l'idée qu'il exprime, il ne participe pas à l'être de l'idée, mais n'est que le résultat d'un accord, un décret, thèse conventionnaliste qui n'est pas sans rapport avec la problématique contractualiste d'un Hobbes, ou avec l'"artificialisme" nietzschéen qui tient bien en cette formule ; ce sont les forts qui ont donné leurs noms aux choses.

Contre ceci, Socrate réplique par la thèse d'une communauté d'origine qui est une communauté d'essence, une participation ontologique du mot et de l'idée. Et c'est cette même thèse qu'il va opposer au naturalisme de Cratyle.

"L'essentialisme n'est pas un naturalisme". En effet, sous l'apparence d'un accord entre Socrate et Cratyle, s'immisce à mon sens une confusion qui est source d'un désaccord peut-être plus grave que celui qui alimente le débat avec Hermogène. L'apparence d'accord repose sur l'utilisation commune du terme "nature". La confusion qui se glisse sous cet accord résulte de l'identification dans le même mot, de deux *sens* différents de "nature".

Cratyle, de fait, soutient la thèse de la ressemblance *(mimésis)* naturelle des mots et des choses, thèse que Socrate semble accréditer dans son opposition à Hermogène :

"Cratyle dit vrai, quand il dit que c'est *de nature* que les noms appartiennent aux choses" (385) (nous soulignons).

Il semble ainsi entériner la thèse du cratylisme qui veut que les sons véhiculent naturellement un sens, en accumulant par exemple les étymologies signifiantes par elles-mêmes, ou instaurant un mimétisme du son et du sens : *rein* signifie "couler", et ce sens est mimé dans la consonne initiale "r", une liquide :

"La lettre 'r' a été jugé par celui qui a établi les noms, comme étant un bon outil de mouvement, en vue de réaliser en eux une ressemblance avec la translation [...]. Dans les mots mêmes de *Rein* et de *Reon*, "couler", "courant", c'est au moyen de cette lettre qu'il imite la translation" (422a-423b).

Socrate tourne en fait implicitement la thèse naturaliste de Cratyle en dérision, en prodiguant une profusion d'étymologies, dont certaines, les linguistes et .grammairiens l'ont dépisté, sont fausses, mais que Cratyle accepte aveuglément.

La position de Socrate est donc explicitement polémique vis-à-vis d'Hermogène : dans la première partie, Socrate joue effectivement la thèse "naturaliste" contre la thèse "conventionnaliste".

Mais tout en paraissant porter crédit à la thèse naturaliste de Cratyle, Socrate vise en fait une autre réalité que ce dernier sous le terme de "nature". Il ne s'agit en aucun cas des choses sensibles, ainsi que l'entendent Cratyle ou Antisthène, mais bien de l'essence de ces choses, essence intelligible dont le mot est porteur, et qui se communique à lui par participation. Ainsi, là où Cratyle entend par nature "mimésis", Socrate conçoit "participation d'essence".

Par suite, la position de Socrate est une position critique vis-à-vis de ces deux thèses qui sont deux mécompréhensions quant au statut du langage, et, partant, deux malentendus touchant son articulation à la *réalité*, réalité qui ne saurait être autre que celle de l'idée.

Ainsi, Socrate fait front d'une part contre le conventionnalisme d'Hermogène, qui correspond à la position sophistique de Gorgias, position qui instaure un rapport arbitraire entre nature *(phusis)* et loi *(nomos)*, en lui opposant la thèse de Cratyle, d'autre part, s'oppose au naturalisme de ce dernier, qui sur le plan politique, a son pendant dans la thèse du cynique Antisthène, thèse extrémiste qui défend l'idée d'une naturalité de la loi (la seule vraie et bonne loi est la loi du plus fort).

En conséquence, Socrate lutte ici sur deux fronts, dont l'un est explicite, le front sophistique, tout au long des dialogues, l'autre plus implicite, le front cynique, représenté ici par Cratyle, et surtout, dans le *Gorgias*, par Antisthène, lequel affiche un refus radical et nihiliste de l'idée au profit de la chose sensible apparente. Antisthène affirme par exemple : "Je vois bien le cheval, mais non la caballéité" (l'essence du cheval).

Par conséquent, l'ennemi le plus sournois est bien le naturaliste, en tant que son penchant extrême au sensible menace à chaque instant de renverser le réalisme des idées platonicien, c'est-à-dire sa vérité. On pourrait dire que le naturalisme comme le conventionnalisme courent sans cesse le risque de n'interroger que le rapport des mots aux choses comme objets sensibles ; d'où leur difficulté, c'est-à-dire leur antinomie sans résolution, alors même que la visée de Socrate est de centrer la question sur le rapport entre le mot et l'idée qui l'exprime, c'est-à-dire entre la réalité physique expressive et la réalité essentielle qui est porteuse du sens. Pour Socrate, la chose sensible *n'est* qu'en tant que copie d'une essence intelligible, le mot ayant ce statut intermédiaire et ambigu d'être à la fois une réalité physique qui exprime concrètement l'idée, et qui est par là même porteur de l'être même de cette idée.

La problématique essentialiste de Platon réfléchit-elle véritablement le langage comme "ensemble de signes" ? Cette question vise à mettre en évidence une limitation interne à la réflexion de Platon sur le langage, limitation qui a sa source dans le présupposé proprement ontologique de la philosophie platonicienne : le mot n'a d'être, donc de réalité qu'en tant qu'il participe à l'idée *en la disant*, qu'en tant qu'il *est* ce dire inédit de l'idée.

Or, on peut objecter à Platon que, conférer un tel statut au mot revient à méconnaître son essence et sa fonction propres : le mot et le discours qu'il engendre ne sauraient être du même ordre que l'idée qu'ils disent ou à laquelle on les rapporte. Cette critique permet de préciser ce que Platon entend par "participation" du mot à l'idée: il s'agit d'une idée "régulatrice", ou encore d'une "norme idéale" qui vise "téléologiquement" à conférer au mot l'être total de l'idée qu'il exprime. Cette téléologie de l'être a nécessairement pour contrepartie une inadéquation *de facto* entre le mot et l'idée qu'il dit, voire une hétérogénéité de nature, que cette téléologie ontologique est censée tendanciellement combler.

Ce qu'on peut imputer à Platon comme un point aveugle de la thèse essentialiste, c'est la non prise en compte, ou plutôt peut-être l'occultation de cette hétérogénéité de fait entre le mot et l'idée *sous* l'exigence téléologique de la communauté essentielle. Ainsi, c'est la thèse même de l'essentialisme qui conduirait Platon à dénier toute hétérogénéité, ce qui mène inéluctablement à une situation de porte-à-faux entre l'état *de facto* hétérogène et l'exigence téléologique, porte-à-faux qui fait bel et bien du dialogue *Cratyle* une aporie.

Une fois cernée la difficulté aporétique du *Cratyle*, quel est le rapport de filiation pertinent entre ce texte initiateur de la réflexion sur le langage, et le fondateur de la linguistique moderne, F. de Saussure ?

En première approximation, il semblerait, bel et bien que la thèse conventionnaliste d'Hermogène soit la plus en accointance avec la thèse saussurienne de l'arbitraire du signe. En effet, "arbitraire" signifie chez Saussure absence de rapport intérieur ou intrinsèque, entre le signifiant, image acoustique, et le signifié, concept, tous deux formant par association cette totalité dénommée le signe. On a donc affaire à un rapport libre, ou encore "immotivé", entre les deux faces d'une *même* réalité : le signe. Par convention, Hermogène entend certes un rapport extrinsèque, libre, immotivé même, mais il s'agit selon lui, non d'un rapport entre les deux faces d'une réalité identique, mais d'un rapport entre deux réalités, le mot d'une part, qui correspond tout entier à ce que Saussure appelle le signe, la chose sensible d'autre part, qui selon ce dernier ne rentre pas dans la définition du signe.

Ainsi, il y a bien *identité* du rapport (conventionnel ou arbitraire), mais les réalités qui constituent les termes du rapport sont hétérogènes les unes aux autres. Il y a donc une *analogie* stricte entre la thèse d'Hermogène et la conception de Saussure, analogie qui implique nécessairement "une relecture", c'est-à-dire un processus de “transformation” et de “déplacement” d’un texte à l’autre. Cette définition du rapport entre Hermogène et Saussure comme rapport analogique serait à référer à la définition kantienne de l’analogie dans les *Prolégomènes à toute métaphysique future qui pourra se présenter comme science* (1785), § 58, qui “signifie non pas, comme on l’entend communément, une ressemblance imparfaite entre deux choses, mais une ressemblance parfaite des rapports entre des choses tout à fait dissemblables” (Pléiade, t. II, p. 142), ainsi qu’à l’interprétation qu’en fournit F. Martly dans son livre *La naissance de la métaphysique chez Kant, une étude sur la notion kantienne d’analogie* (1980).

Où chercher dès lors un rapport plus aigu entre la linguistique saussurienne et le texte du *Cratyle* ?

Comment comprendre exactement la filiation entre la thèse de Socrate, en sa spécificité, et la position saussurienne ?

Socrate comme Saussure parlent d’un rapport interne à une seule réalité : le signe chez Saussure, le nom pour Socrate. Tous deux s’intéressent donc, malgré quelques flottements dans le texte saussurien (notamment cette phrase issue du *Cours de linguistique générale*, p. 101, où il affirme que le rapport est arbitraire parce que le signe n’a avec le signifié “aucune attache *dans la réalité*”), non pas au référent comme à une chose extérieure, ce qui pour Hermogène représente bien un des *termes* du rapport, mais à l’articulation interne d’un *seul* objet : le mot (signe ou nom). Socrate articule le nom et l’idée qu’il exprime, Saussure le signifiant et le concept (ou signifié). Malgré les différences de terminologie, qui signifient bien entendu une différence de problématique, on peut dire que tous deux partent d’une base commune (une articulation interne), pour aboutir à des résultats opposés, Socrate défendant l'idée d'une communauté d'essence entre le mot et l'idée, Saussure exposant un rapport arbitraire entre *sa* et *sé* dont la globalité constitue le signe. Pourquoi cette divergence ? On peut formuler, en guise d'hypothèse de réponse, que, s'il y a différend, c'est parce que le premier vise téléologiquement une communauté d'essence entre une réalité strictement langagière (le nom), et une réalité idéale (l'idée), tandis que le second prend comme seul objet d'investigation la réalité purement langagière qu'est le signe. Ainsi la visée téléologique essentialiste de Socrate tend à occulter la réalité concrète du mot en tant que telle, réalité qui demeure irrémédiablement sensible, et ne saurait *de facto* receler quelque communauté d'essence que ce soit avec l'"idée", qu'on nommerait aujourd'hui signifié, concept ou bien encore "sens" (en une terminologie proche de celle de J. Derrida).

Il y aurait en définitive, sous-jacente à la thèse essentialiste qui corrobore bien le "réalisme des idées" la perception confuse d'une hétérogénéité radicale entre le mot comme suite de sons, comme "sa", rendu au sensible, et l'idée du mot, son sens, son "sé", perception trouble que Socrate obnubile sous l'essentialisme. C'est cette difficulté, cet abîme entre la facticité du mot et l'idéalité du sens qui rend instable la maîtrise de la question du langage, fait du *Cratyle* une aporie, et permet rétrospectivement de comprendre pourquoi il n'y a pas dans la philosophie platonicienne, si tributaire de la visée essentialiste et du réalisme des idées, qui en est le corrélat, de véritable réflexion sur le *signe* comme tel, ni d'attention au langage entendu *stricto sensu* comme "système de signes".

On pourrait aller jusqu'à dire, pour nous servir d'une distinction que Saussure lui-même a rendue opératoire, que Platon se meut ouvertement sur le terrain du symbole et non du signe, signe qui demeure d'autant plus confusément aperçu qu'il est obscurci sous l'essence. Pourquoi y aurait-il chez Platon une authentique problématique du symbole ? Saussure distingue précisément signe et symbole à partir du critère de l'arbitraire, le symbole ayant "pour caractère de n'être jamais tout à fait arbitraire ; il n'est pas vide, il y a un rudiment de lien naturel entre le signifiant et le signifié. Le symbole de la justice, la balance, ne pourrait pas être remplacée par n'importe quoi, un char par exemple." (*Cours de linguistique générale*, pp. 100-101). L'essentialisme platonicien répond point pour point à cette compréhension symbolique du rapport sa / sé, dans la mesure où Socrate pense exactement le mot "balance" qui dit l'idée de justice, comme étant en participation d'essence avec cette dernière, et elle seule. (*République*, Livre I, De la justice). Platon traite la question du langage du point de vue de la symbolicité, là où Saussure élabore une problématique du signe proprement dit.

La réflexion aristotélicienne, qui se situe et se constitue dans un rapport critique par rapport à Platon, n'est-elle pas à même d'anticiper de manière plus pertinente sur la problématique saussurienne du signe linguistique ?

Aristote part du constat simple qu'*il y a* entre le discours et l'être une sorte de dénivellation. Le mot n'adhère pas à l'être, mais il n'est pas non plus avec lui dans un rapport d'extériorité totale. Le mot a un statut unique parmi les autres réalités que sont objets sensibles ou significations, en ceci qu'il participe du sensible et tend néanmoins en même temps à dire une signification intelligible. Cette ambiguïté du mot, Platon l'avait bien reconnue, mais il n'en avait pas tiré toutes les conséquences. Ce qu'Aristote s'emploie à réaliser : le mot n'est pas une réalité en soi parmi d'autres et à côté d'autres réalités en soi, sa structure est bien plutôt *intentionnelle* et sa fonction réside dans l'acte même de signifier. Le mot est un signe qui se dépasse, – problématiquement –, vers l'être dont il articule le sens.

Dès lors, Aristote peut mettre en lumière la nature propre du mot comme signe et récuser les thèses adverses exposées dans le *Cratyle*, non en tentant de réaliser une synthèse "bancale" comme Socrate, mais en rejetant la présupposition *commune* aux interlocuteurs selon laquelle le mot serait un "être" plus ou moins proche de la plénitude ontologique de l'idée.

Aristote distingue en conséquence dans le *Peri hermeneia*, I, 16 a 3-7, à propos du langage, le rapport entre les choses et les "états de l'âme" *(pathemata)*, expression qui recouvre aussi bien les concepts que les affections, les impressions sensibles ou les images. Ce rapport, selon Aristote, est *naturel* et il le nomme un rapport de "ressemblance", et par ailleurs, le rapport entre ces "états de l'âme" et les sons émis par la voix ou les mots écrits, qui est *conventionnel*, il le qualifie de "symbolique" :

"Les sons émis, par la voix sont les symboles des états de l'âme, et les mots écrits les symboles des mots émis par la voix. Et de même que l'écriture n'est pas la même chez tous les hommes, les mots parlés ne sont pas non plus les mêmes ; pourtant, ces états de l'âme dont ces expressions sont les signes immédiats sont identiques chez tous, comme sont identiques les choses dont ces états sont les ressemblances".

Ce texte appelle plusieurs remarques : en premier lieu, ce

qu'Aristote appelle "symbolique" ne saurait être confondu avec le symbole tel que l'entend Saussure et tel que nous l'appliquions à Platon. C'en est même l'exact contraire: "symbolique" signifie pour Aristote conventionnel. C'est pourquoi, bien qu'il anticipe effectivement sur l'arbitraire du signe saussurien en exhibant une conventionnalité des états de l'âme et du mot prononcé ou écrit, il use d'une terminologie qui serait pour Saussure tératologique.

En second lieu, Aristote distingue ce qui est naturel et ce qui est conventionnel. Il considère comme naturel le lien des choses aux états de l'âme, alors que la linguistique d'E. Benvéniste exhibe au contraire l'idée d'un double arbitraire : arbitraire interne, qu'Aristote reconnaît, anticipant sur Saussure; arbitraire externe, dont Saussure ne s'était guère préoccupé, et qu'Aristote comprend au contraire comme un lien naturel. E. Benvéniste relève en effet une contradiction dans le texte saussurien, contradiction qui naît de la présupposition d'un troisième terme qui n'est pas inclus dans la définition du signe : ce terme est la chose même, le référent (*Problème de linguistique générale*, II, p. 50). E. Benvéniste pourrait adresser une critique d'un autre ordre, mais similaire, à Aristote : n'y-a-t-il pas une contradiction à soutenir d'une part, l'idée d'un arbitraire interne au signe, d'autre part l'idée d'un lien naturel entre la chose et les états de l'âme ?

En effet, l'idée d'une "ressemblance" entre la chose extérieure, le référent, et l'impression sensible ou l'affection semble difficile à soutenir pour un linguiste. Mais c'est ici qu'il convient de rappeler à la mémoire un certain "empirisme" d'Aristote, qui considère en effet que les choses extérieures "s'impriment" en l'âme, comparée à une surface de cire, comme par un contact naturel, par ressemblance ou osmose sensible, et deviennent des idées après affaiblissement de l'impression sensible initiale.

A côté de cette problématique naturaliste reprise notamment par la tradition empiriste (Locke), Aristote correspond bien par sa conception conventionnaliste interne à une anticipation plus juste de la linguistique saussurienne et Post-saussurienne, fondée sur l'arbitraire du signe, que ne l'est Platon, avec sa problématique essentiellement symbolique.

Face à cette conception linguistique régie par l'arbitraire du signe, je voudrais évoquer pour conclure une résurgence de la thèse cratylienne de la "rectitude originelle des dénominations", de la mimésis des mots et des choses, dans le projet poétique du cratylisme, dont F. Ponge est l'un des représentants les plus éminents. Ce projet consiste, à l'opposé de S. Mallarmé qui donne "l'initiative aux mots", à prendre "parti pour les choses" (*Le parti pris des choses* date de 1942), c'est-à-dire à faire des choses l'unique objet de l'activité poétique :

"Les objets, les paysages, les événements [...] emportent ma conviction. Leur présence, leur évidence concrètes, leur épaisseur, leurs trois dimensions, leur côté palpable, indubitable, leur existence dont je suis beaucoup plus certain que de la mienne propre, tout cela est ma seule raison d'être, à proprement parler mon seul prétexte." (*Le Grand Recueil Méthodes*, 12).

Mais cette fascination objectale ne conduit pas à un mysticisme qui signifierait le mutisme. Au contraire, il s'agit d'exprimer cette réalité des choses elles-mêmes, telles qu'elles me sont données à voir. "La rage de l'expression" ne se sépare pas, chez Ponge, de l'expérience objectale à laquelle elle apporte d'ailleurs sa plus heureuse solution.

Ainsi le cratylisme pongien participe d'un double mouvement d'*expression* des choses elles-mêmes, des choses "données en personne" (*selbstgegeben*, selon le mot husserlien), et de donation du texte comme un objet à plusieurs dimensions autour duquel on s'arrête et l'on tourne, comme autour d'un objet de la perception, une matière qui ne se donne que par esquisses (*Abschattungen*, Husserl toujours). Le texte pongien est un objet linguistique qui dit, répète les objets du monde. Il n'est cependant, pas question d'une "mimesis" stricte du langage et des choses. Au contraire, le dire des choses demeure essentiellement inadéquat, et toujours en retrait par rapport à ces dernières qui excèdent l'expression langagière. Cette idée d'une donation des choses elles-mêmes dans l'expression poétique est très proche du projet phénoménologique d'un Maurice Merleau-Ponty dans *Le visible et l'invisible*. D'ailleurs, Sartre n'a-t-il pas salué en F. Ponge le premier poète "phénoménologue" ?

Face à une linguistique structurale et fonctionnaliste qui pose comme principe l'idée d'un arbitraire du signe hérité plus d'Aristote que de Platon, la poésie cratyliste, et notamment celle de F. Ponge, remettant à l'honneur la thèse cratylienne, rejoint la réflexion philosophique contemporaine la plus aiguë sur le langage, celle de la phénoménologie.

L'HÉRITAGE CARTÉSIEN DE LA LINGUISTIQUE CHOMSKIENNE

Une question de méthode [1]

Il n'est pas arbitraire de s'interroger sur la relation de filiation qu'entretient le linguiste N. Chomsky par rapport au philosophe Descartes : outre qu'un certain nombre de principes directeurs de la réflexion chomskienne sont à recomprendre à

1 - Cet article a vu le jour sous la forme d'une recherche qui eut lieu dans le cadre d'un séminaire animé et présidé par le professeur Berke Vardar au cours de l'année universitaire 1988-1989 au Département de Philologie de la Faculté des Lettres de L'Université d'Istanbul. Ce séminaire est né avec le projet général d'une confrontation de la méthode linguistique et de la démarche philosophique sur un objet qui est commun à ces deux disciplines : le langage, et ce sur la base d'un *dialogue* entre linguistes et philosophes. C'est ainsi qu'un premier article naquit, résultat d'une recherche commune sur la question du signe autour du *Cratyle* de Platon et de la théorie saussurienne du signe dans le *CLG (Dilbilim IX).*
Ce second article, qui s'interroge sur les présupposés philosophiques de la linguistique générative chomskienne, résulta d'une recherche menée au cours de ce même séminaire, qui se prolongea durant le second semestre de la même année (février-avril 1989) et que le Professeur Berke Vardar supervisa sans y assister.
Nous voudrions par ces articles rendre humblement témoignage de l'activité et de l'intérêt extrêmes que le Professeur Berke Vardar porta à ces rencontres interdisciplinaires, en en permettant l'existence et en les favorisant, témoigner aussi par là de son enthousiasme constant à susciter des confrontations sur des questions théoriques et philosophiques, et de son esprit toujours vigilant et à l'écoute, prêt à chaque occasion à gratifier splendidement l'autre pensée souvent encore balbutiante ou à généreusement s'effacer pour mieux mettre l'autre en valeur.

partir de la démarche cartésienne, et c'est ce à quoi nous nous emploierons dans le présent essai, il est remarquable que Chomsky lui-même ait revendiqué explicitement cet héritage cartésien fondamental, notamment dans le texte intitulé précisément *La linguistique cartésienne*[2].

Ce titre est déjà en lui-même hautement signifiant : il implique dès l'abord et en premier lieu que Chomsky *fonde* sa recherche linguistique sur des principes philosophiques d'ordre cartésien ou néocartésien, et requiert en second lieu qu'il accomplisse la linguistique que Descartes n'a pas mise en œuvre. S'esquisse, partant, un double lien complémentaire de Chomsky à Descartes : premièrement, un lien de dépendance de Chomsky par rapport à Descartes dans l'idée d'une fondation de la linguistique chomskienne sur des principes cartésiens ; deuxièmement, lien de prolongation voire de maturation des hypothèses philosophiques cartésiennes dans une théorie linguistique. En bref, Chomsky se fonde sur la philosophie cartésienne pour la prolonger sur le plan linguistique.

Dans un article intitulé "De quelques composantes de la théorie linguistique", paru dans la revue *Diogène*[3], Noam Chomsky se propose, dit-il, de "présenter [...] des remarques au sujet d'une tradition beaucoup plus ancienne, où des problèmes de même nature – que les nôtres – ont fait l'objet de recherches approfondies, qui aboutirent à un certain nombre de conclusions précises que l'on semble redécouvrir aujourd'hui. Je veux parler d'un certain courant de pensée au XVIIe siècle et au XVIIIe siècle, et des grammaires "universelles" ou "philosophiques" qui en sont sor-

2 - *Cartesian Linguistics*, New York, Harper and Row, 1966, traduction française, Paris, Seuil, 1969.

3 - N° 51, juillet-septembre 1965, pp. 14-18 et 20-21 notamment, traduit de l'anglais par Marc André Béra, Paris, Gallimard, 1965.

ties ; elles découlent d'une certaine philosophie de l'esprit essentiellement cartésienne d'origine".

Il s'avère ainsi pertinent de mettre en lumière cette filiation de pensée entre Descartes et l'esprit cartésien de Chomsky, tout en ne privant pas d'en marquer les limites.

I - Langage et pensée

Chomsky s'inscrit nettement dans une tradition philosophique qui trouve en Descartes son point d'aboutissement, mais qui remonte à Platon comme à son origine, et qui comprend l'articulation de la pensée et du langage selon une préséance logique (non chronologique bien entendu) de la première par rapport à la seconde. Platon affirme cette préséance dès le *Théétète*. Descartes et les néo-cartésiens quant à eux l'entérinent : la langue exprime une pensée qui lui est logiquement antérieure. Le langage est, partant, la simple mise en mots de la pensée. Ainsi, Descartes, dans la cinquième partie du *Discours de la Méthode* laisse bien entendre que l'homme *use* de paroles "*pour* déclarer aux autres ses pensées". C'est dire que le langage fonctionne comme *moyen* d'expression de pensées préexistant semble-t-il à leur mise en mots, selon un usage strictement instrumental.

Dans ce principe directeur d'articulation de la pensée et du langage se trouve en fait déjà "résumé" l'ensemble du projet chomskien : mettre en œuvre une grammaire qui soit adéquate aux lois de l'esprit, c'est-à-dire aux structures de la pensée humaine. Il y a dans ce projet le présupposé d'une antériorité logique de la pensée sur la grammaire qui doit lui être appropriée. C'est pourquoi Chomsky peut intituler un de ces textes *Langage et pensée*, en vertu de ce même présupposé, selon lequel les structures de la langue doivent coïncider avec les structures logiquement préalables de la pensée. Ceci explique aussi le sous-titre du texte de Chomsky suscité : “Contributions linguistiques à l’étude de la pensée”, ainsi que son interrogation initiale : “Quelle peut être la contribution de l’étude du langage à notre compréhension de la nature humaine ?” (étant entendu que “nature humaine” s’identifie pour Chomsky, selon une décision philosophique héritée de Descartes avec la pensée : *res cogitans* comme essence de l’homme. Nous reviendrons sur cette notion de “nature humaine”, et sur ce qu’elle implique).

Ainsi, le projet linguistique chomskien met bien au centre de sa réflexion l’étude de la pensée, sous l’espèce de l’intelligence munie de ses attributs, qui se nomment “adaptation”, “souplesse”, “créativité”.

Si la structure syntaxique de la grammaire que Chomsky projette doit être adéquate à la structure de la pensée elle-même, cela implique un lien de dépendance de la langue par rapport à la pensée, dépendance dont Chomsky exhibe la traduction linguistique dans le couple structure profonde-structure de surface : la structure superficielle concerne l’organisation de la phrase en tant que phénomène physique. La structure profonde intéresse le substrat abstrait qui en détermine le contenu sémantique, et qui est présent à l’esprit lorsque la phrase est émise ou perçue.

Or, cette opposition de la surface et de la profondeur fut déjà fort bien aperçue par les grammairiens de Port-Royal, qui mettaient en œuvre un niveau d’énonciation de la phrase, et un niveau de construction abstraite analytique de l’énoncé. Chomsky revendique cet héritage, reprenant un exemple dont Arnauld et

Nicole avaient les premiers fait usage : "Dieu invisible a crée le monde visible" : la structure de surface avère simplement une phrase du type sujet-prédicat, le sujet et le prédicat étant uniquement notés comme "complexes", c'est-à-dire formés d'un substantif suivi d'un adjectif qualificatif. La structure profonde en revanche exhibe un système de trois jugements, qui sont étroitement articulés entre eux :

1) – que Dieu a créé le monde (proposition principale)

2) – que Dieu est invisible (propositions incidentes à la proposition principale)

3) – que le monde est visible

Et Chomsky de préciser que "cette analyse des constructions de la syntaxe ne se donne pas pour une technique d'explication de textes (comme pour les anciens grammairiens), mais bien comme une théorie psychologique, une description des opérations de l'esprit aux prises avec l'interprétation des énoncés du langage".

Il se confirme par cet exemple que l'intérêt de Chomsky à promouvoir la grammaire qu'il revendique comme théorie linguistique n'a de sens qu'en tant qu'elle éclaire les "opérations de l'esprit", c'est-à-dire en tant qu'elle permet de mieux comprendre la rationalité humaine elle-même. On saisit dès lors mieux en quoi Chomsky peut se proposer comme l'héritier de ce que l'on appelle le grand rationalisme du XVIIe siècle.

Par conséquent, il devient clair que la théorie linguistique élaborée par Chomsky correspond étroitement à une "théorie de la connaissance", et plus encore à une théorie critique de la raison.

Le corrélat immédiat de cette position rationaliste se manifeste dans ce que l'on peut nommer *l'apriorisme* de la démarche chomskienne, apriorisme qui fustige d'emblée tout empirisme linguistique, notamment sous sa forme contemporaine de behaviorisme.

Parler d'apriorisme, c'est d'emblée convoquer les notions de nécessité et d'universalité.

Et en effet, la position rationaliste de Chomsky est une position éminemment, sinon nécessitariste, du moins universaliste.

II - Universalité et rationalité

L'idée d'une universalité de la raison est directement empruntée à son père spirituel par Chomsky, et méditée à sa suite :

"La raison est un instrument universel qui peut servir en toutes sortes de rencontres", affirme Descartes dans la cinquième partie du *Discours de la Méthode*.

L'universalité de la raison humaine revendiquée ici a bien entendu partie liée avec son unité, et s'oppose dans ce même passage du *Discours de la méthode* à la particularité comme "spécialisation", et, partant, à la diversité des fonctions à l'œuvre dans l'organisme animal.

Cette affirmation d'une unité universelle de la raison va trouver son répondant immédiat, dans le type de grammaire que Chomsky adopte comme sienne. Mais que peut signifier *une* grammaire universelle dès lors que les langues sont diverses et spécifiques ?

En fait, Chomsky prend acte d'un projet qui a animé tout le XVIIe siècle et une partie du XVIIIe siècle, Descartes compris : le projet d'une "grammaire réformée", qui soit commune à toutes les langues (Lettre à Mersenne du 20 novembre 1629), mais dont Descartes ne cesse d'exhiber toutes les difficultés, dans la mesure notamment où “l’invention de cette langue dépend de la vraie philosophie”. Ce projet dénié par Descartes, Leibniz le reprend à son compte sous l’espèce d’une langue logique dont les signes seraient des symboles mathématiques et transparents, sous la forme d’un algorithme donc : “Penser, c’est calculer”. Projet perpétué et réalisé par Condillac au XVIIIe siècle sous la norme d’une “langue des calculs”.

Cependant, Chomsky apporte un correctif par rapport à ce projet : il ne s’agit en aucune manière de nier la diversité des langues au point de prétendre construire de toutes pièces une langue parlée par tous. Chomsky ne pourrait que dénoncer ce projet comme relevant d’une utopie : il s’agit, de manière plus simple, mais aussi de manière beaucoup plus cohérente, d’exhiber sous la diversité des langues assumée comme telle dans sa facticité, une structure universelle qui correspond bien à ce que Chomsky nomme par ailleurs “structure profonde” : les opérations de l’esprit ont un caractère universel, et les structures profondes du langage les reflètent. Ainsi, Chomsky ne prétend pas inventer à part entière une langue qui se décollerait de manière artificielle des langues naturelles, à la manière de Descartes, Leibniz ou Condillac, il recherche au contraire un ancrage plus profond, universel, du sein même de leur diversité, dans une grammaire qui exprime toutes les langues. Cette démarche, Chomsky n’est pas le premier à la mettre en œuvre, et il revendique directement pour cela l’héritage des grammairiens de Port-Royal : la “Grammaire générale” est bien une grammaire universelle, en tant qu’elle établit les principes généraux d’où découlent les phénomènes linguistiques. Cette recherche d’une grammaire universelle, loin de procéder à l’exclusion du particulier et du divers, de manière strictement cartésienne, est conduite avec le souci d'apporter la preuve démonstrative de son efficacité à rendre compte des phénomènes particuliers d'une part, de sa compatibilité avec la diversité des langues humaines d'autre part.

Ainsi, la Grammaire de Port-Royal, et Chomsky à sa suite, font front à la fois contre une position qui, au nom de l'universalité, exclurait dogmatiquement le divers particulier, et contre une conception qui, par ailleurs, à l'inverse, mais de manière tout aussi extrême, tendrait à un relativisme foncier, selon lequel la spécificité de chaque langue serait la cause de la particularité de la raison humaine selon les peuples, thèse intenable défendue néanmoins jusqu'en ses extrêmes conséquences, – la non-communication entre les peuples –, par les ethnolinguistes Sapir et Whorff.

Le corrélat de cette universalité de la raison est l'innéité foncière des structures linguistiques, innéité qui rejoint ici l'innéisme cartésien dans sa théorie des idées notamment.

En effet, le postulat innéiste consiste à poser que la structure profonde est inhérente à l'esprit de chaque individu, à faire donc des catégories de la langue une sorte de code génétique, catégories qui par conséquent naîtraient avec l'individu, et ne seraient pas produites par sa culture acquise dans l'expérience, et dans le développement ontogénétique : les catégories de la langue apparaissent ainsi comme des universaux qui sont dictés par les catégories de la pensée elle-même. Benveniste, tout en reprenant à son compte cette articulation entre catégories de la pensée et catégories de la langue, dans *Problèmes de linguistique générale*, en exhibe le préjugé universaliste extrême. Nous y reviendrons.

L'hypothèse innéiste de la linguistique chomskienne a pour conséquence directe un intérêt premier pour l'aptitude de l'individu à inventer à partir de son propre fonds. Dès lors que la structure de la langue est donnée dès l'origine, et ce, en chaque individu, ce dernier doit faire preuve d'une inventivité que Chomsky nomme, du point de vue de la langue, *créativité*, du point de vue de la grammaire, *générativité* :

"Tout se passe comme si le sujet parlant inventa(i)t en quelque sorte la langue au fur et à mesure qu'il s'exprime ou la redécouvra(i)t au fur et à mesure qu'il l'entend parler autour de lui [...]. Tout se passe, en d'autres termes, comme s'il disposait d'une 'grammaire génératrice' de sa propre langue", dit-il, dans l'article sus-cité tiré de *Diogène*.

Mais qu'est-ce à proprement parler qu'une "grammaire génératrice" de sa propre langue, sinon une sorte de grammaire innée que chacun possèderait en lui, et actualisée à partir d'un fonds virtuel donné, l'actualisation correspondant dès lors à ce que Chomsky appelle "générativité" ? En quoi consiste plus précisément l'hypothèse générativiste ?

Elle repose sur le *fait* de l'aspect *créateur du langage*, fait mis en évidence par Descartes, et constitué en décision philosophique par ce dernier, décision à laquelle Chomsky se rallie en dernière instance très directement :

"On voit que les pies et les perroquets peuvent proférer des paroles ainsi que nous, et toutefois ne peuvent pas parler ainsi que nous, c'est-à-dire en témoignant qu'ils pensent ce qu'ils disent ; au lieu que les hommes qui, étant nés sourds et muets, sont privés des organes qui servent aux autres pour parler, autant ou plus que les bêtes, ont coutume d'inventer d'eux-mêmes quelques signes par lesquels ils se font entendre à ceux qui étant ordinairement avec eux ont loisir d'apprendre leur langue." (*Discours de la Méthode*, cinquième partie).

Cette créativité inhérente à l'homme, à l'inverse des animaux qui ne sauraient inventer un langage, mais se contentent de reproduire des sons par simple imitation du langage humain, cette créativité est le résultat d'une position innéiste foncièrement cartésienne.

Mais n'y a-t-il pas néanmoins paradoxe à faire de la créativité la conséquence de l'innéisme, dès lors que la première implique un dynamisme de production que l'innéité comme disposition rigide et statique ne semble pas receler ? N'est-ce pas que la notion même d'innéisme est à recomprendre, voire à réélaborer ? En fait, sous la notion cartésienne d'innéité, il convient de lire, comme son inflexion, la notion leibnizienne de *virtualité* qui implique en elle un schème dynamique d'actualisation de la *virtù*. Ce processus d'actualisation peut alors à bon droit s'apparenter au procès de générativité que décrit Chomsky. La notion de générativité apparaît ainsi en plus grande accointance avec la démarche leibnizienne de pensée, caractérisée notamment par sa conception de la matière comme force virtuelle dynamique (*Discours de Métaphysique*, §. 17), qu'avec la perspective philosophique cartésienne, trop proche d'un mécanisme rigide, et qui réduit entre autres la matière à l'extension statique.

La compréhension linguistique de cette notion de générativité si proche philosophiquement du dynamisme leibnizien revient néanmoins aux logiciens Arnauld et Nicole, dont on connaît par ailleurs la correspondance avec Leibniz : les grammairiens de Port Royal parlent ainsi de cette "force organique" du langage humain, de "cette invention merveilleuse" "grâce à laquelle nous construisons à partir de vingt-cinq ou trente sons une infinité d'expressions qui, ne ressemblant nullement à ce qui se passe dans nos esprits, nous permettent pourtant de faire savoir aux autres le secret de ce que nous concevons et de toutes les différentes activités mentales que nous menons".

La force générative du langage consiste, à partir de "moyens finis" à en faire un "usage infini". Or, ce couple fini/infini, qui donne le sens exact de la générativité, correspond tout à fait à l'articulation de l'innéité et de la créativité, la première relevant de la finitude sous l'espèce d'un nombre fini de principes ou de dispositions innées, la seconde de l'infinité du pouvoir de création langagière.

Cette articulation du fini et de l'infini est ainsi la manière même dont Chomsky conçoit la générativité, et ce, notamment, en opérant une critique de l'école linguistique par rapport à laquelle la linguistique générative s'est constituée, le distributionnalisme de Harris et de Bloomfield. Chomsky leur reproche avant tout de réduire la langue à un corpus excessivement limité dans l'empirie : alors qu'un corpus est par définition un ensemble fini d'énoncés, toute langue en rend au contraire possible une infinité. Le distributionnalisme est ainsi condamné, précisément par sa méthode, à ignorer ce pouvoir d'infini inclus dans toute langue. De plus, ce pouvoir d'infini implique un *savoir* que le locuteur actualise en l'adaptant : ce que Descartes déjà nommait "intelligence", Chomsky le formalise linguistiquement sous l'aspect de l'articulation compétence/performance.

Ce couple est central pour la compréhension du projet chomskien, dans la mesure où il polarise très exactement le processus de générativité précédemment décrit : la compétence d'un sujet parlant français, c'est l'ensemble des *possibilités* qui sont données par le fait, et par le fait seulement, qu'il maîtrise le français : possibilité de construire et de reconnaître l'infinité des phrases grammaticalement correctes, d'interpréter celles d'entre elles (en nombre également infini) qui sont douées de sens, etc. La performance corrélative du sujet parlant correspond quant à elle au nombre de phrases grammaticales qu'il *produira* eu égard à son savoir, à sa compétence donc.

Les trois grandes thèses philosophiques que nous venons d'articuler, "pensée et langage", "universalité et rationalité", "innéisme et générativité", établissent selon trois axes généraux corrélatifs le lien de filiation de Descartes et des postcartésiens à Chomsky, et renvoient par conséquent à une tradition essentiellement cartésienne.

Ces décisions philosophiques entérinées par Chomsky sur le plan linguistique donnent lieu à une théorie linguistique qui n'est pas restée sans critiques, que ce soit de la part des linguistes ou des philosophes. Quels sont les points sur lesquels les uns et les autres ont fait front contre la théorie chomskienne ?

IV - Le front linguistique et philosophique

Reprenant les trois grands principes majeurs que Chomsky entérine, subissant ainsi l'héritage du cartésianisme, principes de l'apriorisme, de l'universalité et de l'innéisme, nous allons voir comment ils vont être mis à l'épreuve par différentes écoles linguistiques et philosophiques contemporaines.

- L'apriorisme

Chomsky met l'accent sur le savoir préalable du locuteur, et donc, à ce titre, sur sa compétence, qui relève avant tout, et pleinement, de la sphère du possible : autant la compétence apparaît strictement d'ordre linguistique, autant les performances des sujets parlants pour une bonne part ne relèvent pas de la compétence linguistique, car elles impliquent une connaissance du monde et d'autrui ainsi qu'une pratique des relations humaines, qui peuvent sembler indépendantes de l'activité strictement linguistique.

C'est dire que le couple compétence / performance ne fonctionne pas pour Chomsky selon une parfaite symétrie, mais est bien plutôt mû par une préséance d'ordre axiologique qui fait se rejoindre en ce point précis Chomsky et Saussure : de même que la langue peut être étudiée en dehors de la parole mais non l'inverse, de même la compétence est susceptible d'être élucidée avant la performance et de devenir le fondement nécessaire à l'étude de celle-ci.

Contre ce primat de la langue ou de la compétence, l'École pragmatique d'Oxford s'inscrit en faux, mettant au contraire l'accent sur *l'acte de parole (Speechact)* en situation contextuelle, ce qui amène par exemple J. L. Austin dans *How to do things with words*[4] à distinguer à propos de l'énoncé entre ce qui relève du *constatif* d'une part, et ce qui renvoie à un mode *performatif* d'autre part : un énoncé constatif ne fait que *décrire* un événement ; un énoncé performatif *accomplit* au moment même de l'énonciation l'action formulée par le locuteur (pensons à l'exemple de la *pro-*

4 - *Op. cit.*, trad. française *Quand dire, c'est faire*, Paris, 1970.

messe). Ainsi, les philosophes d'Oxford inversent littéralement le présupposé philosophique de la théorie chomskienne, considérant comme proprement et uniquement linguistique le performatif (ce qui relève de la "performance" au sens strict), performance que Chomsky avait au contraire tendance à reléguer dans l'extra-linguistique.

Cette critique de l'apriorisme chomskien par les pragmaticiens est radicale en ce qu'elle part d'un présupposé fondamentalement opposé, mais n'est-elle pas seulement une simple inversion de présupposés, inversion formelle qui ne remettrait pas fondamentalement en cause, c'est-à-dire de l'intérieur, la théorie chomskienne, mais lui proposerait seulement une alternative opposée, alternative autre qui signifie une autre linguistique ?

La critique de tel autre principe à l'œuvre dans la linguistique générative ne nous permettrait-il pas d'opérer une critique plus interne de la perspective chomskienne ?

- *L'universalité*

Il y a selon Chomsky des universaux du langage qui sont dictés par les universaux même de la pensée. Or cet universalisme foncier est intenable si l'on le pousse jusqu'en ses limites extrêmes : sans tomber pour autant dans l'autre extrême, qui serait un relativisme généralisé, – où chaque peuple aurait, ses catégories propres de pensée comme d'expression, ce qui aboutirait à un éclatement extrême de la pensée, et rendrait à la limite tout communication minimale impossible –, on ne peut que *nuancer* cet universalisme qui, soutenu rigidement, prend à son tour aisément la forme d'un pré-jugé : c'est à quoi s'emploie E. Benveniste dans un article des *PLG* intitulé "Catégories de langue et catégories de pensée". Benveniste se refuse à poser la question du rapport entre langage et pensée, – qui sous-tend pourtant bel et bien tout son article –, en des termes uniquement généraux, selon la manière de procéder de Chomsky et, pour éviter l'abstraction de la généralité, il décide d'"entrer dans le concret d'une situation historique, de scruter les catégories d'une pensée et d'une langue définies" : et ce sont les catégories d'Aristote, comme liste de concepts a priori qui organisent l'expérience, qui vont fournir le paradigme de l'investigation de Benveniste sur la relation langage/pensée.

Au terme de l'étude détaillée et technique de ces catégories, Benveniste est à même de répondre à la question posée de manière inaugurale, et qui était celle-ci :

"Tout en admettant que la pensée ne peut être saisie que formée et actualisée dans la langue, avons-nous le moyen de reconnaître à la pensée des caractères qui lui soient propres et qui ne doivent rien à l'expression linguistique ?"

La réponse est la suivante : "C'est ce qu'on peut *dire* qui délimite et organise ce qu'on peut penser. La langue fournit la configuration fondamentale des propositions fondamentales reconnues par l'esprit aux choses. Cette table des prédicats nous renseigne donc avant tout sur la structure des classes d'une langue particulière".

Ainsi, tout en reconnaissant l'existence d'une certaine universalité de la langue par le choix même de l'opérateur, les *catégories* comme autant de concepts universels, Benveniste nuance cette dernière en mettant l'accent sur la spécificité. Contre le préjugé généralisateur chomskien, Benveniste propose de conférer la primauté au dire qui organise et structure la pensée ; pour autant que ce dire perçoit une certaine universalité enrichie par la différences des langues entre elles, la pensée acquiert à son tour une forme d'universalité qui n'a cependant plus rien à voir avec l'universalité abstraite de Chomsky.

En ce sens, de Chomsky à Benveniste le concept d'universalité a subi une conversion de sens ; parti de très loin, d'une universalité formelle et sans souplesse, on advient à un concept concret d'universalité, tant celle-ci est nourrie par la différence même des expressions langagières.

La critique que fait implicitement Benveniste dans cet article à la rigidité du concept chomskien d'universalité détermine ainsi une *modification* interne de ce concept même.

Comment cette amorce de critique interne est-elle prolongée à propos du principe de l'innéisme ?

- L'innéisme

On a essayé de comprendre comment s'articulent chez Chomsky "générativité" et "innéité", et on a abouti à l'idée que l'innéité devait être saisie comme *virtualité* pour que l'hypothèse générativiste ait un sens authentique.

Cependant, il faut noter que le processus de générativité est une production qui prend sa source dans la sphère de l'inné-virtuel sans aucun recours à l'expérience acquise. La générativité, partant, est tout entière incluse et inscrite dans le postulat innéiste.

Or, c'est cette même notion d'innéité qui constitue le cheval de bataille des défenseurs de l'idée d'une acquisition progressive et ontogénétique du langage, acquisition qui suppose que tout ne soit pas donné d'avance génétiquement ou à la naissance, et que par conséquent l'expérience soit décisive dans l'élaboration et la naissance même du langage.

C'est ainsi que Piaget dans *Le langage et les opérations intellectuelles* (1954) et dans *Problèmes de psychologie génétique* (1970) oppose à l'innéisme chomskien l'idée selon laquelle il n'y a de langage qu'acquis, ce qui a dès lors pour réquisit que la pensée elle-même soit le résultat d'une acquisition, c'est-à-dire du développement ontogénétique.

Piaget rejoint en ceci la critique des pragmaticiens comme celle d'E. Benveniste, tout en les radicalisant, puisqu'il fait de l'expérience ontogénétique le sol même de la formation du langage, et donc aussi corrélativement de la pensée.

On pourrait résumer cette critique unique et fondamentale de la théorie linguistique chomskienne, et qui la grève lourdement de sa cohérence et de sa pertinence, par cette phrase de Heinrich von Kleist : "L'idée ne préexiste pas au langage, mais elle se forme en lui et par lui", en ajoutant, afin d'intégrer l'apport critique propre à Piaget, et selon une décision nettement phénoménologique, que "le langage lui-même ne préexiste pas à l'expérience, mais se forme en elle et par elle".

Note bibliographique

Certains chapitres ou extraits de chapitres du présent ouvrage ont fait l'objet de publications antérieures ou de présentations sous forme d'exposés :

– Le premier point du chapitre I est une version en partie modifiée du dernier temps d'un article intitulé "Phénoménologie et non-phénoménologie", paru dans *Recherches husserliennes* 4, 1995, p. 21-26.

– Le chapitre III est à paraître en allemand dans un volume intitulé *Sprache und Pathos* (R. Kühn ed.), Passagen Verlag, Vienne, 1999. Il fut exposé à deux reprises, en juin 1995 au CIPh, dans le cadre de journées consacrées au "Style des philosophes" et organisées par A. Lhomme, puis en février 1997, dans le cadre du Séminaire de Doctorat dirigé par F. Dastur à l'Université de Paris-XII-Créteil et consacré au rapport Phénoménologie/Logique.

– Le chapitre IV est à paraître pour partie dans un volume intitulé *Philosophie et poésie* (dir. O. Bombarde/Y. Bonnefoy).

– Le chapitre V est paru pour l'essentiel dans un volume intitulé *Merleau-Ponty et le littéraire* (N. Cassin et A. Simon éds.), Paris, P.E.N.S., 1997.

– Le chapitre VI fut exposé à l'Université de Montpellier en novembre 1996, dans le cadre du Séminaire de recherche du CEDOC, co-animé par M. Zarader, P. Rodrigo et J.-Fr. Lavigne, et consacré au "Dire comme phénomène".

– Les deux Appendices sont parus dans la revue stambouliote *Dilbilim*, IX et X, en 1990 et en 1993.

Nous remercions les revues et les éditeurs ci-dessus mentionnés
d'avoir autorisé la reprise modifiée de ces premières versions.
Nous exprimons toute notre gratitude
aux responsables des Séminaires indiqués
de nous avoir donné l'occasion de présenter certains éléments
d'une recherche alors en cours d'élaboration.

Table

Achevé d'imprimer en février 1999
sur les presses de l'imprimerie du Pré Battoir
(42220 St-Julien-Molin-Molette),
avec le concours de D... 7 (42400 St-Chamond),
et façonné par Ets. Alain (07340 Félines),
pour le compte des éditions
encre marine
Fougères, 42220 La Versanne,
selon une maquette fournie par leurs soins.
Dépôt légal : février 1999
ISBN : 2-909422-32-1